I0693502

HUMANISMO CRISTIANO

en la acción política

Carlos Alaimo

HUMANISMO CRISTIANO

en la acción política

Líneas para un proyecto de país y sociedad

Prólogo:
Abdón Vivas Terán

Título
Humanismo Cristiano en la acción política

Autor
Carlos Alaimo

Coordinación Editorial
Carlos Moreno

Corrección de estilo
Mayli Quintero

Fotografías
Iván Ocando
Roy Magallanes

Diseño y maquetación
Jesús Martínez Soto

Segunda edición ampliada
Mayo de 2023
Maracaibo, Venezuela
ISBN: 9798393124519
Todos los derechos reservados.
© Carlos Alaimo, 2023.
VERSIÓN FINAL *Editorial*

A mi Nonno (abuelo), Calogero Alaimo, del que heredé
a los 6 años la vocación por la Política para ejercida con pasión,
amor, ética, compromiso de servicio, con el mejor de ejemplo
de Cristo que vino a "servir y no a ser servido".

Asimismo, a mis profesores del Humanismo Cristiano
que recibí en el IRFES (Maracaibo), Ifedec y UTAL (Caracas).

Índice

Prólogo

Luego de haber leído con detenimiento y analizado la obra "Humanismo Cristiano en la Acción Política", que ha sido preparada para una segunda edición por su autor, nuestro amigo desde los tiempos de la Universidad Carlos Alaimo, debo expresar que este documento constituye una importante aportación al desarrollo y fortalecimiento del pensamiento social cristiano, así como para su propuesta de la creación de una sociedad más solidaria, eficiente, equitativa y productiva.

La obra a la cual nos referimos contiene algunos elementos básicos que le sirven de encuadre al tema general que en ella se desarrolla que no es otro que, a partir de su cosmovisión acerca del papel de la persona humana y de su acción en la búsqueda del Bien común, desarrollar ese anhelado orden social nuevo al cual nos acabamos de referir.

En la exposición de la propuesta doctrinal e ideológica que el autor va desarrollando a lo largo de su obra, nos vamos encontrando con algunos hitos, o rasgos, muy característicos de su manera de abordar este complejo tema. Son, precisamente tales rasgos los que prestan a su exposición un interés especial y significativo.

A lo largo de esta breve presentación resaltaremos algunos de estos rasgos que nos han parecido sustanciales e importantes.

Así, el autor comienzo por dedicar algunas páginas de su obra a ofrecernos su historia personal, en apretada síntesis, de los años de militancia que dedicó a un denodado trabajo en el seno de la Juventud Revolucionaria Copeyana a nivel del Liceo y, posteriormente, durante su carrera como estudiante de medicina en la Universidad. Desde esta se impulsó hacia los niveles de dirección, a nivel regional, del movimiento social cristiano en diversos estados de la República. A partir de allí, sin dejar de estar enganchado en el análisis diario de los temas políticos, dedicó una parte fundamental de su tiempo al ejercicio de su profesión de médico y a trabajar en el desarrollo y modernización de esta crucial actividad de servicio a la comunidad.

Sin embargo, durante ese lapso el Régimen Autoritario fue implantando con arbitrariedad y decisión la destrucción de la sociedad, la nación, la escala de valores y el aparato productivo a lo largo y ancho de todo el país; a estos calamitosos hechos se adicionaron los atentados contra los derechos humanos, la cárcel y la represión contra los disidentes, la angustia, la pobreza, el hambre y la desesperanza en que estaba siendo sepultada la población.

A partir de una ponderación de toda esa cadena de desastres infligidos a la nación, Alaimo llega a la conclusión irreductible de que aquello no se podía permitir, Por ello decide hacer su aporte personal en ese combate político crucial. Por tal razón se incorporó, una vez más, al campo de la lucha política con la idea de aportar su grano de arena en la lucha por revertir tan nefasto proceso.

Esta decisión fue impulsada, aún más, por la situación calamitosa, que nuestro autor consiguió, cuando enfocó su perspectiva hacia el estado en que se encontraba el movimiento político en que había militado toda su vida, que era el Partido Social Cristiano COPEI. Constató fragmentación, dispersión, enfrentamientos irreductibles entre sus lideres, abandono de la visión ideológica y de servicio al Bien común, e incluso, la deriva colaboracionista con el Régimen que algunas de sus partes habían comenzado a desarrollar.

Al sumar todos estos elementos llegó a la conclusión de que era necesario organizar un nuevo movimiento político que, con amplitud de mira, vocación de servicio, abierto a una amplia participación de todos los sectores de la sociedad civil, resultaba necesario poner en marcha para enfrenta el nefasto Régimen Autoritario que desgobernada al país. De este profundo convencimiento brota la fundación del PCD, Partido de Centro Democrático.

Pero, yendo un paso adelante en este proceso de involucramiento a fondo en el azariento nivel de la lucha político, Carlos Alaimo mantuvo una idea central: Se debía conservar un importante legado proveniente del Partido Social Cristiano COPEI: su plataforma político-ideológico que había sido elaborada a través de varias décadas de lucha desde su misma fundación y la que se fundamentaba en la aportación de importantes filósofos modernos, en la Doctrina Social de la Iglesia, en la obra de importantes movimientos y líderes de partidos políticos del viejo continente y, por último, en la obra escrita y en la acción política concreta desarrollada por muchos de sus importantes líderes a través de su historia.

Por ello, al iniciar el trabajo a partir de un nuevo movimiento político, el PCD, a este se le encargaría la tarea de mantener vigentes y ondeando las banderas político-ideológicas del Universo Social Cristiano. Este hecho constituyó, nos parece, un rasgo fundamental el cual permea e impregna la obra que comentamos.

Para hacer buena la interpretación que acabamos de expresar nos apoyaremos en sus propias palabras. Dice así Alaimo: "ese sábado 18 de enero, me despedí de mi compromiso partidista con Copei, pues no iba a permitir que las banderas filosóficas y doctrinarias de una organización, que tantos aportes le dio a la nación, fueran enterradas".

Todavía más, se refiere en los siguientes términos a la experiencia que había vivido durante sus años de militancia en COPEI:" y es que una de las mejores generaciones de líderes, estratégicamente formada y combativa fue, sin dudas, la que fomentó Copei en su momento. Su escuela, estructura ideológica, ¡cómo olvidarías! Allí nací como político, con una visión humanista y cristiana de la vida, con una sólida postura ética del fenómeno político. Es imposible no recordar con orgullo las intensas jornadas en el Irfes, el Centro de Políticas Públicas Ifedec, las tremenduras propias de la juventud en la UTAL (Universidad de los Trabajadores de América Latina), estructuras lamentablemente desaparecidas".

Quedan, en consecuencia, de meridiana claridad los objetivos que el PCD deberá seguir. Estar al servicio de los ciudadanos, apegarse a la ética en la aplicación diaria de la acción política, trabajar por el bien común, sostener el fondo ético de toda acción política, mantener relaciones humanas y personales dentro de un espíritu comunitario, hacer progresar materialmente al país elevando su producción y diversificando su economía y trabajar por eliminar la pobreza y la desigualdad. De los párrafos inmediatos anteriores se desprende que la fundación del PCD y su adscripción a la cosmovisión social cristiana es uno de los rasgos fundamentales en la obra de Carlos Alaimo que comentamos.

Demos un paso adelante para hacer referencia a otro rasgo que, de igual manera, nos parece lleno de significación en el tema que estudiamos. Debemos destacar el uso que, Alaimo propone al PCD, de un concepto que ha venido tomando cuerpo y ganando cada vez más territorio en las democracias avanzadas del planeta; aludimos al concepto de ciudadanía. Este concepto apunta a una serie de consideraciones de naturaleza compleja, vinculadas íntimamente con el conjunto de personas que viven en una determinada comunidad. Hace referencia al sentimiento de pertenencia que nos vincula con el resto de los seres humanos que conforman la comunidad, pero, al mismo tiempo, incorpora de manera indisoluble la relación jurídica que se establece entre cada persona y el estado. Desde este ángulo jurídico brota el conjunto de derechos y de deberes que cada ciudadano posee en el marco de la Constitución y las leyes vigentes y que están dirigidos a garantizar la convivencia armónica, respetuosa de unos hacia los otros, así como a la obtención del Bien común de la sociedad. En la actual Constitución de la República estas obligaciones y estos derechos están regimentados en el Titulo III y los diez Capítulos que lo conforman.

Esta visión de la ciudadanía es ampliada hasta integrar la propuesta de participación organizada del ciudadano que estará presente en todas las fases del proceso de gobierno y de administración, así como en las asociaciones de la sociedad civil. Por ello, nuestro autor, señala con precisión:

"Desde el Partido Centro Democrático concebimos, entonces,

la ciudadanía como PARTICIPACIÓN — para ejercerla y generarla— formando parte de un todo. Es, en definitiva, PERTENECER, hacer y pensar en libertad, ser aceptados, ser reconocidos y reconocer al otro. Es ALTERIDAD en su máxima expresión, actuando desde el "YO" hacia el "OTRO". CONSTRUIR entre todos, ser responsables con nuestros compromisos y, en tanto sujetos de derecho, luchar para que estos se hagan efectivos, pero, sobre todo, asumir los deberes con nuestra sociedad y buscar la formas de enaltecerla".

Desde este punto, la Obra Humanismo y Democracia, avanza hacia lo que denomina Una Nueva Política que se entiende como una garantía de una más amplia participación a las minorías, jóvenes, mujeres, familias en la conducción del estado, en el diseño de sus políticas, en las tareas complejas de su aplicación en el momento histórico en que se vive.

Desde el peldaño de la Nueva política, Alaimo prosigue a presentarnos lo que es otro de los rasgos de especial interés de su Obra. Nos referimos a lo que él denomina: La Ética como Epicentro de la Acción.

En el desarrollo de este tema, la propuesta ideológica de Alaimo pone de manifiesto que no se conforma con adscribirse a la versión tradicional y conocida del pensamiento demócrata cristiano, sino que se inscribe en una corriente amplia, avanzada y moderna. En efecto, cuando sostiene que, cualquier acción política debe estar fundamentada en una base ética, se refiere a que cada acción política ha de estar siempre enmarcada en la justicia, el amor, el respeto, la humildad, la verdad y el servicio. De acuerdo con ello la Obra en comentario nos propone:

"En la crisis general que vive Venezuela es vital impregnar de valores morales y éticos a la administración pública y al sector privado. De nada servirá que se incorporen a los mejores talentos en el diseño de las políticas públicas o las acciones particulares, si estas, en su proceso de ejecución se ven afectadas por la discrecionalidad de algunos funcionarios y ejecutivos que, por encima del interés colectivo, ponen en primer lugar sus ambiciones".

A partir de esta importante consideración, pasamos a exponer lo que nos parece ser otro rasgo de la Obra que estudiamos, al cual le damos un gran significado e importancia, ya que permite extender un vínculo estrecho entre el planteamiento político ideológico, al cual adscriben tanto Alaimo como el PCD, con las versiones más contemporáneas, incluyentes y profundas del pensamiento demócrata cristiano. Nos referimos a la adscripción del PCC a la propuesta filosófica y política del Humanismo Cristiano que hunde su raíz en filósofos modernos como Jaques Maritain, así como en varias encíclicas papales.

Parar lograr tal propósito, Alaimo comienza por destacar que, en su opinión y es una opinión que compartimos, cuando Maritain se apoya en Santo Tomás para elaborar su tesis acerca del Humanismo Integral está abriendo un derrotero de renovación al pensamiento social cristiano. Examinemos las expresiones de Maritain para dejar fuera de duda su radical aportación al fortalecimiento del Humanismo Integral, dice así "un mínimo de bienestar es necesario para que el hombre acceda a la virtud, de tal suerte que la cuestión de la moralidad pública es primeramente una cuestión de trabajo y de pan; cuando enseña que la propiedad de los bienes materiales y de los medios de producción debe ser privada en cuanto concierne a la administración, pero común en cuanto al uso, el cual, en cierto modo, debe revertirse sobre todos; cuando insiste sobre la dignidad de la persona humana, imagen de Dios, y hace ver en el bien común de la sociedad civil un bien común de personas humanas, superior al bien privado de cada una, pero que debe redistribuirse a cada uno y respetar los derechos fundamentales de cada uno [...]".

Precisando un poco más, podemos señalar, en líneas generales, que el Humanismo Cristiano, es una propuesta de filosofía política que defiende una plena realización del hombre y de lo humano dentro de un marco de principios cristianos.

Entre sus principales exponentes acabamos de mencionar el papel central que en su evolución jugó Jacques Maritain. Efectivamente, la visión cultural que este desarrolló, con extraordinaria precisión y profundidad en varias de sus obras, particularmente en Humanismo Integral y en El Hombre y el Estado son el fundamento principal de lo que hoy llamamos Humanismo Cristiano. Este, a su vez, es una de las bases ideológicas fundamentales en el desarrollo mundial de las organizaciones políticas que se denominan democratacristianas o socialcristianas que se constituyeron alrededor de la mitad del Siglo XX.

El concepto humanismo integral ha pasado a formar parte plena de la Doctrina Social de la Iglesia a partir del hecho que Pablo VI en su encíclica *Populorum Progressio* (1967), citando como ejemplo precisamente el libro Humanismo Integral, haya declarado: "Tal es el verdadero y pleno humanismo que se ha de promover".

Por su parte, Juan Pablo II no solamente ha ratificado esa declaración en su encíclica *Sollicitudo Rei Sociales* (1987), conmemorativa de los veinte años de *la Populorum Progressio*, sino que ha convertido el concepto 'humanismo integral' en parte sustancial de su preocupación por "la cuestión cultural de nuestros tiempos", tema central de su Pontificado. Juan Pablo II ha servido como centinela de la tradición de Maritain; ha continuado sus esfuerzos para establecer las bases intelectuales de una teoría personalista de la democracia y de un humanismo integral.

Concluimos este apartado llamando la atención sobre que el cristianismo, en clave humanista, se desarrolla en la primera mitad del Siglo XX como parte de un vasto proceso —que comienza en el siglo XIX y se continúa hasta nuestros días— de estudio de las doctrinas cristianas a fin de incorporarlas al mundo moderno; un mundo que clama con alta voz la urgencia y la necesidad de una clara orientación ideológica que lo lleve a superar los males que lo acosan a medida que avanza en su trayectoria histórica. De allí, que nos sentimos identificados con esta propuesta, así como con todas las demás del PDC, que hemos venido estudiando.

Los rasgos de importante contenido ideológico socialcristiano, a los cuales nos hemos referido hasta el momento, corren a lo largo de todo el documento que analizamos. Sin embargo, a partir de la página 33, el Autor transforma la dirección de su pensamiento para pasar del planteamiento político-ideológico, hasta ese momento claramente predominante, a presentarnos una minuciosa y detallada propuesta programática. Por supuesto que esta propuesta está sólidamente fundada en la cosmovisión, que acabamos de mencionar, y por la cual el autor se manifiesta profundamente inclinado.

No es nuestro propósito analizar cada aspecto de la propuesta programática. Baste decir que ella se divide en dos conjuntos de elementos. El primero, se sitúa el plano de niveles societarios globales tales como lo político, lo social y lo económico. En este conjunto se hacen interesantes propuestas de transformación estructural, todas las cuales están dirigidas a un cambio profundo en el orden social actual con el propósito de modificarlo y transformarlo en una sociedad solidaria.

El segundo conjunto de elementos, de la propuesta programática, se dirige a plantear una amplia revisión de otros niveles de organización social más específicos y particulares. Son bastante numerosos y abarcan una gama muy amplia de problemas de la sociedad actual que tienen que ser resueltos de acuerdo con los postulados de justicia social, la solidaridad, el bien común y la participación todas las cuales forman el encuadre en que se desarrolla y progresa una nueva sociedad enmarcada en el humanismo cristiano. Los elementos, que Alaimo desarrolla en esta sección de su trabajo, son los siguientes: Lo educativo, la salud, la seguridad social, la administración de justicia, el Poder Moral, la seguridad ciudadana, la seguridad de estado, la política internacional, la cultura, el deporte, la recreación y la educación física, el turismo, la ecología y el ambiente, la gerencia de la administración pública, los servicios públicos, la planificación urbana, la región y las subregiones especialmente enfocadas en la región Zuliana que es su tierra natal..

Para concluir, debemos decir que ha sido un honor escribir estas palabras para presentar la Obra Humanismo Cristiano de Carlos Alaimo Nos hemos basado para su análisis en una importante característica de las ciencias sociales y las ciencias políticas, y, más específicamente en la historia de las ideas políticas, que es su determinación para tratar de sistematizarlas y explorarlas con métodos científicos.

Por esto, en oportunidades hemos utilizado la teoría de

sistemas, que nos autoriza un acercamiento organizado del mundo de las ideas políticas para aprehenderlo y acercarnos a su comprensión. Por ello podemos hablar de doctrina, ideología, proyecto país, programa de gobierno, programas sectoriales, programas regionales y locales, y los especiales para áreas de especial atención que constituyen insumos del sistema tal como propone realizar la Obra que comentamos.

Estas categorías sirven para hacer una especie de escala de las ideas, desde los valores doctrinales, hasta su aterrizaje en lo temporal, con un plan país y sus especificaciones para cada lapso con sus programas de gobierno global y específicos.

El cristianismo, a través de su largo periplo histórico, ha creado un mundo de ideas de aceptación universal. Los movimientos demócratas cristianos son los convertidores de todo ese historial de ideas en movimientos seculares; la democracia cristiana no es un movimiento religioso, es un movimiento universal cimentado y enraizado en los valores cristianos, que pueden ser aceptados y hecho suyos, por cualquier ciudadano del mundo.

Por todo lo analizado en las páginas anteriores, terminamos exhortando a nuestros lectores a que ahonden y reflexionen sobre los contenidos de esta Obra que mucho nos dice sobre la necesidad de una entrega existencial y perseverante a la lucha por construir este nuevo Proyecto histórico.

Abdón Vivas Terán
13 de marzo de 2023

Una razón

Mi nombre es Carlos Alaimo. Soy médico y empresario, pero sobre todo un ciudadano que ama y siente pasión por Maracaibo y por Venezuela. He recorrido sus calles, sus ciudades y pueblos, he compartido y vivido sus realidades, sus progresos y sus caídas. He vivido y he sentido mi país y también lo he sufrido. El sueño que comparto con millones es ver a mi Venezuela bella, contenta y a sus habitantes como CIUDADANOS unidos con un fin único, el de rescatar al país de las oportunidades para emprender, desde allí, un nuevo camino de nación.

El amor por la política nació en mi niñez por la influencia que ejerció mi abuelo paterno. Como estudiante de educación media integré cuadros de estrategias socio políticas en la Juventud Revolucionaria Copeyana. Más tarde, formé parte de la Federación de Centros Universitarios de la Universidad de Zulia y la Dirección de Centros Universitarios.

Inicié mis estudios de Medicina en La Universidad del Zulia y los culminé en la Universidad de Los Andes en 1984. Ocupé posiciones en la estructura del partido socialcristiano Copei en Trujillo, Caracas y Zulia. Fui dirigente gremial en el estado Miranda y la Federación Médica Venezolana.

Luego de esa trayectoria que llevó a recorrer caminos de empinados debates sobre el desarrollo del país, decidí minimizar mi presencia política como dirigente del partido, aunque permanecí como militante. Y mi motivación era una, concentrarme en la innovación para la salud desde el sector privado.

Hoy, impulsado por la necesidad y el deseo de servir a Venezuela, dedico un trabajo esmerado y activo en la política con el **Partido Centro Democrático (PCD)** y su ideario humanista-cristiano para emprender, desde el debate y la planificación, las transformaciones regionales y nacionales necesarias y urgentes.

El valor de la política se degradó en nuestro país y es preciso recuperarlo. Para ello es necesario motivar a la ciudadanía a participar, a elevar el nivel de discusión y de argumentos, de críticas con sentido para construir y alejadas de los bochornosos circos a los que ha acostumbrado el comunismo en las últimas dos décadas en el país.

Los venezolanos, jóvenes, adultos, adultos mayores, debemos ser parlamentarios en nuestro propio entorno, el país necesita de ese intercambio de ideas y debates entre sus ciudadanos, confrontación de argumentos estudiados e interpretados, el país requiere de una sociedad capaz de comunicarse más allá de las redes sociales y de la banalidad, demanda conocimiento, aunque el hambre se imponga con toda su dureza.

Y aunque no resulta fácil digerirlo, lo cierto es que la miseria se combate precisamente con una sociedad crítica, cohesionada en su accionar, unida en la concepción de la justicia, y para ello es necesario nutrir la mente, para que no vuelva la miseria.

Hablar y actuar, todos debemos hablar y actuar con coherencia, no solos los que están de acuerdo, sino también abrir canales con aquellos que no lo están, un país no se reconstruye con mitades, un país se levanta con acuerdos nacionales, los mismos que erróneamente se suelen delegar en representantes que ya no conectan con el corazón de la sociedad. Es momento de poner fin a ese tipo de gestión que no concilia con los intereses de una población, pero para ello se necesita la acción política natural, genuina y organizada de la sociedad traducida en gremios, comunidades, universidades, empresarios, civiles en general.

El PCD, luego de pasar tres intensos años de acción política en el Zulia y proyectar su imagen como partido epicentro de diseños de políticas y debate, logró cautivar a líderes sociales de todo el país. Hoy el PCD tiene estructuras en casi todos los estados de Venezuela, cumpliendo con los lineamientos para ser reconocidos como organización nacional por el Consejo Nacional Electoral, pero el órgano ha obstaculizado tal acreditación en vista de nuestras posiciones combativas en favor de la democracia.

Sirvan estas líneas como propuestas estratégicas para la gerencia pública, innovación institucional y una tentativa llena de fe en la recuperación y reconstrucción de marcos ético-morales de una sociedad que merece ser una nación de progreso, un país del primer mundo.

Carlos Alaimo en asamblea ciudadana al oeste de Maracaibo.

*"Nada grande se ha hecho en el mundo
sin una gran pasión".*
Georg Wilhelm Friedrich Hegel

"Ideas y acción, claves del éxito".
Carlos Alaimo

Introducción

La pasión no es ciega. Es sagaz, perspicaz, es lúcida. La pasión no es una mera emoción, postura o sentimiento aislado; por el contrario, precisa de elementos racionales para acreditarse, para fundamentarse. La pasión tiene una motivación externa que la invita a desplegarse, a ser, a constituirse en un hecho provocador de acciones concretas. No surge de la nada, sino por la voluntad.

Y eso somos. Una suma de voluntades guiadas por la pasión por las ideas, por la reflexión, por la crítica con todos sus encadenamientos lógicos, sus aciertos, sus vacilaciones, pero especialmente por su apego a la libertad de pensamiento.

Nuestro movimiento sociopolítico nació simbólicamente el 13 de enero de 2015. ¡Qué cosas de la vida! Precisamente un día en el que todos los años se festejaba un aniversario más del partido socialcristiano Copei. El lugar de este alegórico inicio fue la Cámara Municipal de Maracaibo (donde ese día fui orador de orden) y una ineludible necesidad de cambio como contexto.

En mi discurso de ese caluroso lunes de enero vaticiné que el futuro del partido Copei era incierto y que con esa incertidumbre no se podría construir un proyecto de sociedad de orientación socialcristiana, en un país plagado de corrupción, pragmatismo y populismo, pero ávido de transformaciones materiales y espirituales. Allí asomamos nuestro primer grito de rebeldía civil.

Sin embargo, hubo un segundo momento emblemático: cinco días después, en Santa Rosa de Agua. En los "Bohíos de Román", lugar icónico de la "copeyanidad", fue como, con sabor a pueblo y con el lago como testigo, más de 300 dirigentes municipales de Maracaibo se congregaron para comenzar a darle vida a un potente voluntariado. En ese representativo paraje, ese sábado 18 de enero, me despedí de mi compromiso partidista con Copei, pues no iba a permitir que las banderas filosóficas y doctrinarias de una organización, que tantos aportes le dio a la nación, fueran enterradas.

Así marcamos el nacimiento y la presentación formal, definitiva y pública de **Pasión por Maracaibo** el domingo 3 de julio de 2016, lo que sería el núcleo inicial del **Partido Centro Democrático**. El acto lo celebramos en un sencillo y cálido hotel de nuestra ciudad. Como fundadores de este movimiento estuvieron acompañándome: Marco Rivero, Ángel Peña, Gustavo Fernández, Hernán León, María Cardozo, Nolberto Urdaneta, el "Gocho" Rangel, Avilio Mengual, Ender Oviedo y Alirio Aguilar.

Aquella fue la coyuntura ideal para hacer realidad lo que en su momento fue un sueño de muchos. Y es que una de las mejores generaciones de líderes, estratégicamente formada y combativa fue, sin dudas, la que fomentó Copei en su momento. Su escuela, estructura ideológica ¡cómo olvidarías! Allí nací como político, con una visión humanista y cristiana de la vida, con una sólida postura ética del fenómeno político.

Es imposible no recordar con orgullo las intensas jornadas en el Irfes, el Centro de Políticas Públicas Ifedec, las tremenduras propias de la juventud en la UTAL (Universidad de los Trabajadores de América Latina), estructuras lamentablemente desaparecidas. Pasión por Maracaibo nace precisamente para eso: recoger y relanzar las banderas demócrata cristianas.

Cómo no crecer en el liderazgo de servicio, con ética y moral pública cuando en nuestras aulas recibimos la guía acertada y disciplinada de ciudadanos íntegros como Luis Herrera, Eduardo

Fernández, Rafaél Caldera, Oswaldo Álvarez Paz, Guillermo Yépez Boscán, Ramón Guillermo Aveledo, Abdón Vivas Terán, Jorge Sánchez Meleán, Manolo Guanipa Matos, Nectario Andrade Labarca, Gilberto Urdaneta Besson, Armando Chumaceiro, Enrique Pérez Olivares y el gran ideólogo latinoamericano Arístides Calvani, hoy beato. Ello, solo por nombrar algunos, pues todos y cada uno de los que nutrieron las filas del partido verde dejaron su impronta imborrable como legado excepcional a las nuevas generaciones.

Hoy, con todo ese aprendizaje a cuestas, con nuestras mentes abiertas y nuestro corazón puesto y dispuesto al país, rompemos con el sectarismo partidista, haciéndonos flexibles a la participación de otros sectores, compartiendo ideas y valores comunes. Rechazamos la muerte de la ideología y la filosofía ante el avance de un pragmatismo que quiere imponerse sobre la ética y la moral.

Nuestra propuesta política está dirigida a todos los que creen en el accionar político teniendo como epicentro al hombre, sean independientes, militantes de organizaciones políticas, miembros de gremios, empresarios, estudiantes, académicos, obreros, campesinos o cualquier ciudadano que sienta en lo más profundo de su espíritu la vocación de servicio como motor de vida.

Este libro -que no pretende erigirse como un documento único o definitivo- representa una invitación, un acercamiento inicial al Partido Centro Democrático; a lo que somos, lo que proponemos, a nuestra visión sociopolítica.

Buscamos motivar a la juventud en la adopción de la política como un camino de servicio de primerísimo nivel para el desarrollo del país y la sociedad en todo su conjunto que debe ser estudiado, una ruta en la que la preparación profesional, la construcción individual y colectiva de sólidos criterios, la amplitud de miras son recursos neurálgicos.

Queremos propiciar nuevas generaciones de líderes formados, que sean lectores voraces para nutrir el intelecto y sus capacidades científicas, que sean jóvenes infatigables en la lucha por la excelencia, que conozcan el valor propio del pensamiento y la reflexión, de la exigencia mental para solventar problemas de cualquier tamaño y que se conviertan en estrategas de un progreso que ya no puede esperar más.

Y el fin de ello no es más que lograr condensar un universo de venezolanos preparados para asumir mandos, cargos, controles, una cantera de donde surjan cada día mentes brillantes educadas y con compromiso, configuradores de un mejor tejido social amparado en la justicia y el Estado de Derecho, esos venezolanos que se conviertan en puente para pasar del país de las miserias a una nación puntera. El tiempo corre.

Con esta publicación también rendimos tributo a quienes nos dieron parte de sí, sus enseñanzas, su orientación, su palabra firme, su verbo encendido de pasión política, sus ideas, su vocación, con quienes aprendimos a caminar las calles de la política.

¿Quiénes somos? Somos el **Partido Centro Democrático**

El Partido Centro Democrático (PCD) es una alianza de esfuerzos colectivos; es humanismo, ética, compromiso, solidaridad, participación, formación y vocación de servicio.

Es un movimiento político plural que integra a factores partidistas y sociales en una propuesta electoral que gira en torno a un proyecto de construcción de **CIUDADANÍA**, con una nueva visión de la política, elevándola y alejándola de posturas populistas, enfermedad terminal de las democracias latinoamericanas.

Nuestro movimiento nace como una alternativa nueva y moderna ante el vacío que representa el actual escenario del país, sin renovación de cuadros políticos, ni líderes que inspiren a soñar a una Venezuela de progreso. Somos pensamiento y conciencia libre. Demócratas y amantes de la libertad. Con una militancia activa, generadora de debates, de reflexión crítica, que actúa con pertinencia, convicción, amor y pasión.

El PCD constituye un modelo de coalición único; un espacio de discusión y participación que plantea el rescate de la institucionalidad y el sistema democrático. En definitiva, un proyecto con óptica primermundista, que promueve transformaciones profundas de la estructura del Estado y de nuestros pilares económicos como primer paso para relanzar al país.

Pero el PCD busca como organización también rescatar la

formación en ciencia política en todos aquellos que se sumen al proyecto, busca preparar a líderes en la innovación social de alto nivel para ser capaces de producir planes perfectamente diseñados con los que enfrentar las distintas realidades del país, venezolanos que vayan dando pasos en esa ilustración y práctica continua para forjarse como políticos y estadistas. La mejor inversión de una sociedad civil es su propia formación, es mantenerse informada y prefigurar criterios. Y en esa línea el PCD tiene igualmente como objetivo brindar oportunidades de crecimiento para educar a políticos que desarrollen la capacidad de reconectar con la gente, líderes cuyos discursos y argumentarios sean un producto intelectual y científico que estén a la altura de un primer mundo, dirigentes que cautiven con ideas y acciones y donde no exista cabida para caudillismos sino para el trabajo en equipo. Venezolanos que aprendan y quieran servir y no que se sirvan del poder de la política. Esta es la filosofía de vida que deben asumir aquellos que deseen abrazar las banderas del humanismo cristiano.

Esta iniciativa, tal y como hemos detallado, surgida en el Zulia en 2016 con el movimiento Pasión por Maracaibo, y que se estableció el 8 de mayo de 2018 como PCD, es hoy una organización con proyección nacional. En ello trabajamos y reconocemos el reto que representa este objetivo de calado profundo.

Estamos acelerando el crecimiento como partido político para aportar a los cambios que la mayoría de venezolanos esperan, y que algunos incluso dan por perdidos. El país continuará, los hombres pasarán, pero la siembra de ideas y de planes que perfilen efectividad y transformación allí estarán, prestos a ponerse en marcha cuando llegue el momento, y precisamente ese momento debe encontrarnos preparados en todos los flancos. Somos una organización que confía plenamente en la meritocracia como reconocimiento a la trayectoria, los aportes, la formación continua en hombres y mujeres.

Por ello convocamos a todos los ciudadanos a sumarse a nuestro proyecto que recuperará nuestra identidad para construir verdadera ciudadanía. **QUEREMOS ESCRIBIR EL FUTURO QUE NOS MERECEMOS.**

¿Por qué la **ciudadanía?**

En el PCD impulsamos la construcción de ciudadanía como elemento propio de un tejido de acuerdos que resultan en normas y leyes. Entendemos la ciudadanía, precisamente, como la traducción diaria de esos acuerdos expresados en el accionar de cada venezolano, en su forma de integrarse en la sociedad y de operar en ella.

Pero debemos reconocer que ese objetivo de amplísimo espectro solo podrá alcanzarse si promovemos gestiones que lleven al rescate de nuestros valores, para recomponer nuestro sistema de creencias e idiosincrasia consolidando nuestros rasgos distintivos y genuinos que nos definen como grupo social.

Creemos que el propio sistema democrático que llevó a Venezuela a las puertas de la modernidad, no logró establecer bases para protegerse a sí mismo. Se pecó al no convencer ni formar a la sociedad para comprender y entender la verdadera importancia de la institucionalidad, la separación de poderes y la contraloría social sobre los gobiernos. Nuestra democracia tuvo todo el potencial para llevarnos a un futuro de estabilidad, crecimiento e influencia, pero sucumbió por debilidades que ella misma no supo atender.

El ciudadano creyó que la democracia era votar un domingo, tener libertad para recorrer el país, tener una cédula de identidad, poder crear una empresa, casarse o divorciarse.

Pero no reparó ante las cuentas públicas, no se inmutó ante las desigualdades que crearon abismos, no prestó atención a la necesaria diversificación económica, creyó fielmente en que la política debía ser llevada por políticos y la corrupción era un mal menor. El ciudadano no pensó que debía organizarse para exigir y presionar a los Gobiernos y pensó siempre estar amparado por los precios internacionales del petróleo. Esa ligereza como sociedad llevó a la propia destrucción de la democracia, la misma que el comunismo haría implosionar para reducirla a cenizas.

El PCD quiere contribuir con estudio y debate a configurar una ciudadanía que estime los valores, el intercambio de ideas, las libertades y los derechos como la estructura donde se soporta el Estado, es decir, impulsar un sentido ciudadano que reconozca en sí mismo la capacidad y la autoridad natural de crear acuerdos para dibujar un Estado producto de las tensiones sociales y que responda a la sociedad, más no que la controle. Un ciudadano que sepa diferenciar y actuar en consecuencia cuando las fuerzas del capitalismo se empecinen en minimizar el espíritu social o cuando el comunismo asome su rostro destructor de derechos.

Ser ciudadano es sentirse parte de una estructura social y política íntegra, auténtica, humanista; y, sobre todo, asumir responsabilidades y obligaciones desde la ética y el compromiso en la construcción de la sociedad.

La ciudadanía es poder. Es convivencia. Y todos tenemos la "titularidad" de ese poder en la medida que asumimos un compromiso "en colectivo".

La ciudadanía se ejerce a través de la participación activa y con vocación de servicio en los diferentes espacios en los que actuamos cotidianamente: en la familia, en la escuela o liceo, en el trabajo, en nuestra urbanización o sector, en nuestras parroquias; opinando, pero también actuando, tomando decisiones que nos beneficien individual y grupalmente, sobre temas que atañen al entorno y que buscan mejoras. Construir ciudadanía es consolidar el sentido de pertenencia social. Es sentirnos eslabón de una cadena, parte de un engranaje social, de una comunidad, asumiendo compromisos de coexistencia y tolerancia.

Desde **Partido Centro Democrático** concebimos, entonces, la ciudadanía como PARTICIPACIÓN — para ejercerla y generarla— formando parte de un todo. Es, en definitiva, PERTENECER, hacer y pensar en libertad, ser aceptados, ser reconocidos y reconocer al otro. Es ALTERIDAD en su máxima expresión, actuando desde el "YO" hacia el "OTRO", lo que implica ponerse en el lugar de los demás alternando la visión y las circunstancias propias con las de los demás. CONSTRUIR entre todos, ser responsables con nuestros compromisos; y en tanto sujetos de derecho, luchar para que estos se hagan efectivos, pero sobre todo asumir los deberes con nuestra sociedad y buscar las formas de enaltecerla. En definitiva, es el ciudadano como centro de la acción del Estado.

Hacia una
Nueva política

Planteamos una NUEVA manera de hacer POLÍTICA, sin los vicios propios del sistema partidista tradicional centrado en estrategias electorales que buscan el apoyo de las clases populares a través de la demagogia, la emocionalidad sobre la racionalidad, de un liderazgo carismático manipulador y de un oportunismo que raya en un exacerbado egoísmo, y que obvia los principios humanos y éticos comunes.

Nuestra NUEVA POLÍTICA busca darles protagonismo a las minorías, mayor participación a la juventud, a la mujer, a la familia con sus múltiples rostros, dedicación a la defensa ambiental, protección de los animales; prioridad al sentido colectivo basado en premisas gerenciales, relevancia a una sociedad integradora, multicultural y adversa, espacio a la visión ecológica y verde de la vida.

Invitar al ciudadano a participar en la vida pública, a tener una postura y una actuación más activa en temas locales debe ser también, de hecho, la premisa.

Para construir ciudadanía, hay que tener un partido con políticas distintas a las que hoy en día sostiene el *status—quo,* porque si algo ha quedado claro, es que ninguno de los que hasta hoy conocemos va a "FORMAR ciudadanos".

¿Cuál es la razón? Que todos son partidos populistas y

clientelares. Con un liderazgo que se fundamenta más en un modelo tercermundista, traducido en un guión para conducir una organización de masas y no de ciudadanos. Esos grupos se sostienen con cúpulas e imposiciones para mantener el llamado "control del partido".

El populismo está tan inmerso en el alma de los grupos políticos que ha corroído el más mínimo y básico gesto, convirtiendo la demagogia en una práctica cotidiana. Así vemos ofertas electorales poco serias y sin fundamento. Hay un irrespeto continuo a los electores. Esta bandera de construir ciudadanía sólo será posible con un partido amplio de miras, moderno, distinto. No podemos permitir que se juegue más con la inteligencia del venezolano, pero tampoco el venezolano debe permitirlo.

Para tener una sociedad de ciudadanos auténticos hay que contar con una organización con militantes no sólo formados en el concepto de ciudadanía, sino dispuestos a profundizar en los aspectos éticos, los valores; en definitiva, el humanismo en cada detalle de la vida, no instruidos para ser meras "máquinas electorales". Y es que esta nueva política que impulsamos no es electoral, es una política de todos los días, transformadora de la sociedad, de la comunidad, del Estado.

Ya hemos visto como partidos que han hecho historia como URD ya desaparecido, y Copei que se minimizó al igual que Acción Democrática (AD), aunque este último en menor escala, formaron parte de esa oleada que se llevó por delante a aquellos grupos que no respondieron al cambio frente a la crisis, que no ofrecieron opciones creativas a la desgastada forma de hacer política, la cual no fue asumida como lo que es: el oficio más humano y hermoso, pero también estratégico, para construir sociedad.

Los partidos que sembraron la democracia no se reinventaron ni se revisaron, no se exigieron ni mucho menos se transformaron al ver que, precisamente ya era de transformarse para reparar daños, para frenar la hemorragia por la corrupción, para hacer un acto sanitario de líderes que perdieron el rumbo y terminaron manchando sus propias banderas, las que forjaron con clara inteligencia política las generaciones de 1928 y 1932 en Venezuela, jóvenes capaces que ya comenzaban a diseñar un país para el futuro, que reconocieron la necesidad de evolución hacia una democracia en una nación que tenía el potencial de hacerlo, y que fueron capaces de condensar las fuerzas para llegar al 23 de enero de 1958, hacer caer la dictadura de Marcos Pérez Jiménez y emprender 40 años en un sistema democrático que propulsó en sus primeras décadas un sentido por el debate de ideas, de establecer escenarios universitarios para la confrontación de programas, para elaborar propuestas de país.

A partir de 1998 vimos con horror cómo fue usado el mismo sistema democrático ya debilitado para dejar entrar, sin reparos, el modelo criminal de Estado más destructivo que ha conocido la historia de Venezuela, el chavismo-madurismo. Se anuló el debate, se eliminó la independencia de poderes, se desprofesionalizó sectores estratégicos como el energético o el militar, se expandió la onda clientelar de un partido único, se aceleró la destrucción de la empresa privada, la persecución de políticos, se institucionalizó la corrupción como la normalidad y se estableció un estado violador de Derechos Humanos.

En el PCD no avalamos la ANTIPOLÍTICA, creemos que estamos llamados a ser y a hacer la NUEVA POLÍTICA, la de aquellos que día a día trabajan y sueñan con un país distinto, más humano y libre de conflictos. Confiamos en que las organizaciones políticas que quieran realmente aportar en el cambio deben no solo dedicarse a lo estrictamente electoral y el control del poder, sino también en crear sus propias escuelas de filosofía y estrategia para reforzar el pensamiento de su militancia.

Creemos en el venezolano indomable y rebelde que ya no se deja manipular, en una Venezuela plural. La construcción de ciudadanía, el rescate de nuestros valores, la ética en el quehacer político, la gerencia como epicentro de las modernas políticas públicas, el humanismo y el progreso como bandera, es lo que nos define.

Debemos conformar partidos con otra óptica más sana, más justa, que rescate el verdadero valor de la política, con ciudadanos honrados, no vinculados con el "negocio de la política". Y, lo más importante, teniendo la formación constante como norte, para conseguir una generación plena de valores positivos.

Avanzaremos con paso firme y la mirada puesta en nuestro futuro. Los habitantes de Venezuela así lo perciben y exigen. Por ello creo que no estamos solos en esta titánica, pero grandiosa tarea. Sabemos que en este mar no navegamos solos... ¡contamos con miles!

En jornadas de formación política para jóvenes universitarios y líderes sociales.

La ética:
epicentro de la acción

La moral, como conjunto de reglas aceptadas por la sociedad, puede variar en su totalidad o en algún aspecto particular, pero siempre requerirá de amplios consensos para ser aceptada. Entonces, quienes consideran la lealtad como principio básico de relación societaria, lucharán para evitar que cualquier persona pueda ser corrompida, y, para impedir esa deformación de la esencia de las personas, es necesario reforzar la educación del pueblo sobre la importancia de la ética, como reflexión sobre la moral, sobre la honradez como conducta y acerca de la moral en sí misma, aceptada por todos como principio de vida.

En toda esta corriente la convicción es vital para reforzar el impulso educador. Si no se está convencido de la efectividad y factibilidad de transformar una sociedad, será muy difícil proteger esos valores éticos sobre los que se quiere comenzar a transitar. Si el Estado se debe a la sociedad, el ciudadano se debe a la ética.

En la crisis general que vive Venezuela es vital impregnar de valores morales y éticos a la administración pública y al sector privado. De nada servirá que se incorporen a los mejores talentos en el diseño de las políticas públicas o las acciones particulares, si estas, en su proceso de ejecución se ven afectadas por la discrecionalidad de algunos funcionarios y ejecutivos que, por encima del interés colectivo, ponen en primer lugar sus ambiciones.

Hay que llevar la ética de la teoría a la práctica. Es hora de que la sociedad venezolana comience a valorarla.

Es el momento adecuado para empezar a premiar la honorabilidad. Es tiempo de educar en valores. Es la época de aplicar justicia como precedente que evite que la corrupción siga invadiendo los espacios de la decencia pública y privada. Pero para esto se debe ser coherente en el discurso y en las acciones.

A veces se dice mucho del combate a la corrupción, pero puertas adentro se hace muy poco, por no decir nada.

Y todo termina convirtiéndose en un flujo de justicia o injusticia que se engrana desde el propio corazón de la sociedad. Si una sociedad no ha apostado a su convicción y formación en ética y valores, su sistema de justicia, integrado por miembros de esa misma sociedad, no vacilará en torcer la ley dada su talla moral, y esto transmitirá a la misma sociedad la idea de la tolerancia y la convivencia con la corrupción.

Pero si una sociedad en su conjunto ha apostado, en cambio, por proteger los valores ético-morales, tendrá un sistema de justicia riguroso y vigilante de ese acuerdo, y por ende una sociedad justa y combativa contra la corrupción.

Hay sociedades que llegan al extremo de castigar con la muerte a quienes incurren en actos de corrupción; otras, como en Japón, dio constancia de los *harakiri* antes de ser deshonrados; en Venezuela no se necesita de ello, pero sí se requiere con urgencia acabar con la impunidad y la alcahuetería de quienes tienen la posibilidad de castigar el irrespeto a las normas a las que se adscribe la sociedad, pero voltean su mirada para no ver lo que se hace contra los intereses de la comunidad.

O acabamos en Venezuela con el cáncer de la corrupción, por ejemplo, o esta hará metástasis a nivel general. Quienes respetan los principios positivos son mayoría, por eso se debe imponer justicia.

No todo está perdido, se necesita del esfuerzo mancomunado y sin matices sectarios de todos los venezolanos para erradicar este vicio, y en ese orden de ideas Benedicto XVI nos recuerda que "cuando el relativismo moral se absolutiza en nombre de la tolerancia, los derechos básicos se relativizan y se abre la puerta al totalitarismo".

La pregunta es si la bonanza que ha vivido la República Bolivariana de Venezuela durante decenios pudo causar la ceguera de sus ciudadanos en la forma correcta de manejar sus recursos, y cambiar los valores positivos por otros negativos que se hicieron carne en ellos, se aceptaron, se hicieron normales obnubilado a cada individuo; y así con esa opacidad en el futuro, así, impedido de ver que caía hacia un barranco, colaboró en forma personal y colectiva en la pérdida de la felicidad de unos pocos o de muchos.

A pesar de las tempestades estamos convencidos de que aún hay fuerza moral suficiente en Venezuela para adelantar una ofensiva que rescate la ética en la administración pública y en el sector privado.

El humanismo cristiano
en la acción política

Procurar una sociedad abierta y plural que fije su mirada en los diferentes, en los diversos, en la integración, en la multiculturalidad, en los cambios, en la realización plena del hombre y la mujer; no es una utópica intención, es un derecho, que por intrínseco e inherente al ser humano, debe ser asumido.

Desde la óptica del Partido Centro Democrático, ratificamos nuestro compromiso con la primera encíclica social de la iglesia católica, escrita por el Papa León XIII, el 15 de mayo de 1891, "Rerum novarum", donde se nos habla de la dignidad de las personas, el bien común y la justicia social.

Si esta real visión la desarrollamos dentro de un marco de principios cristianos, estamos frente al concepto del bien común en su más sublime expresión. Este, nuestro pensamiento filosófico político de clara inspiración en los postulados de Jacques Maritain, nos mueve a buscar una mayor y más profunda vinculación entre el hombre y el Estado.

Ya lo decía el propio Maritain cuando manifestaba: "formo parte del Estado en razón de ciertas relaciones con cosas de la vida común que afectan a todo mi ser, pero en razón de otras relaciones (que también afectan a todo mi ser), con cosas más importantes que la vida en común, hay en mi bienes y valores que no existen por el Estado ni para el Estado y que están fuera del Estado".

Esta necesidad de fortalecer las funciones del Estado en permanente relación con la esencia humana y los valores cristianos como camino a la justicia, el amor, la paz y la libertad; es en consecuencia, parte de nuestra misión e ideal político. Es en términos sencillos: buscar la trascendencia del espíritu para transformar nuestro entorno de manera positiva.

Los retos de la sociedad posmoderna, o lo que ella nos ha dejado en términos societales, nos invitan a movilizarnos alrededor de algo que no debe ser visto como una entelequia: el ***bonum commune*** de la tradición europea filosófica o cristiana.

El término bien común —profundo en contenido y en aplicabilidad se hace vigente dado que implica la reivindicación del valor de la persona en su inmanencia (perdurabilidad interior) y trascendencia. Esto más allá del individualismo capitalista o el colectivismo marxista. Nuestra mirada de "centro" se perfila también a resaltar al bien común como sinónimo de justicia política y como una filosofía de vida.

Basada en la visión de santo Tomás de Aquino, Maritain sostiene de hecho que "cuando enseña que un mínimo de bienestar es necesario para que el hombre acceda a la virtud, de tal suerte que la cuestión de la moralidad pública es primeramente una cuestión de trabajo y de pan; cuando enseña que la propiedad de los bienes materiales y de los medios de producción debe ser privada en cuanto concierne a la administración, pero común en cuanto al uso, el cual, en cierto modo, debe revertirse sobre todos; cuando insiste sobre la dignidad de la persona humana, imagen de Dios, y hace ver en el bien común de la sociedad civil un bien común de personas humanas, superior al bien privado de cada una, pero que debe redistribuirse a cada uno y respetar los derechos fundamentales de cada uno [...]" podemos decir que santo Tomás de Aquino en esos rasgos generales, cuya aplicación depende de las condiciones particulares de cada edad histórica, traza el bosquejo de un verdadero humanismo.

Así pues, el humanismo-cristiano fundamenta el núcleo de su doctrina en cuatro valores primordiales: la solidaridad, el bien común, la autenticidad y la justicia social.

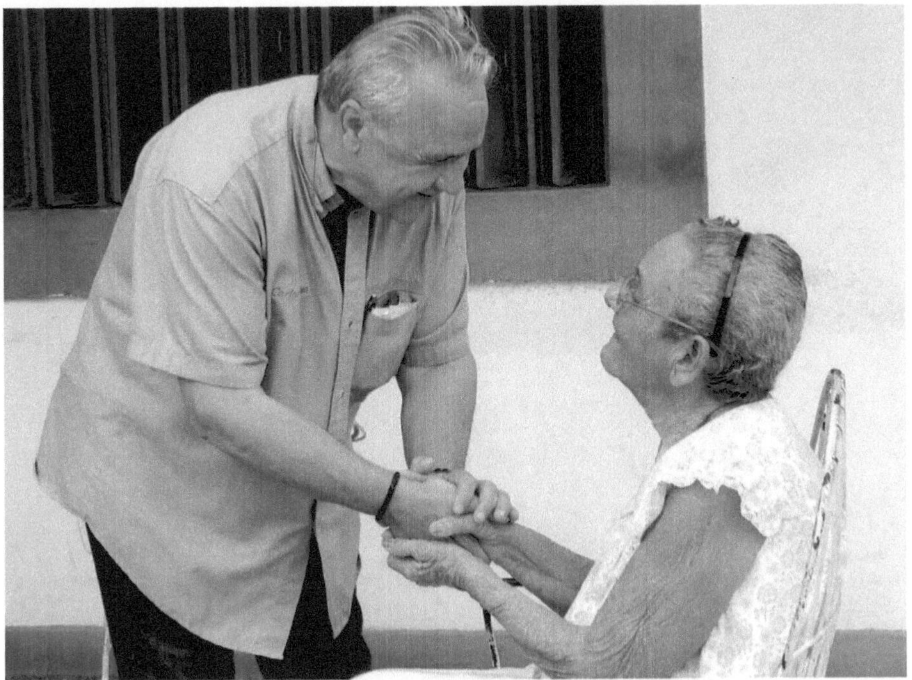

Dedicándose a escuchar a la gente, conversando y recogiendo ideas de ciudadanos de todas las edades, sin distingos para plasmarlas en proyectos de país.

Nuestra meta

En lo político

Desde el Partido Centro Democrático trabajamos en proyectos de innovación política cuyo objetivo es lograr encauzar al país hacia una ruta de democracia sólida, que pueda sostenerse firmemente en sus propias instituciones y sea resguardada por la misma sociedad. Y este es el fin por el que miles de venezolanos enfocan sus energías en diseñar ese estadio de desarrollo una vez se haya superado el trauma de la llamada V República que aún sacude a Venezuela, y que nos llama a ser disruptores en un modelo aferrado a la destrucción y al poder.

Será entonces una Sexta República, una refundación del Estado que sirva para levantar un nuevo sistema basado en el Estado de Derecho de las democracias occidentales, y donde los factores sociales y políticos compartan una visión de país sobre el increíble potencial que aún tenemos para saltar al desarrollo. Ya basta de ver al país como una parcela de explotación de élites.

El problema de la política del país, tan complejo y profundo, responde más a los fallos del Estado, no del Gobierno. La fragilidad institucional, la corrupción y la sociedad en su conjunto desinteresada ante la responsabilidad de contraloría y acción política, se engranaron para abrir paso a un sistema que vino a reventar las bases de las libertades en Venezuela. Fue esa propia vulnerabilidad del Estado la brecha por donde se coló el horror que hoy estamos llamados a desmontar. Nunca podrá existir bienestar en el país si no superamos el tutelaje de la dictadura cubana y de los países más represores del planeta.

Para ello hemos trazado unas líneas generales de acción que sintetizamos a continuación:

• Sustituir la democracia electoral por una democracia moderna, que conduzca a la descentralización, con un desarrollo integral de las regiones con la gobernanza como postulado; una democracia que permita elevar el nivel de formación y acción política.

• Romper con el dogmatismo (la supremacía del objeto con respecto al sujeto, de lo material con respecto a lo humano) y el partidismo, entendido como una tendencia a ser parcial y a tener una inclinación exageradamente centrada en la anteposición de los intereses de un partido o grupo, a los generales o comunes.

• Rescatar la pluralidad, crear las condiciones para la alternabilidad, la tolerancia, la participación de las minorías, la forma de Gobierno de amplia base, la descentralización y la libertad de pensamiento como valores políticos.

• Afianzar nuestra concepción sobre lo que debe ser el modelo de Estado: federal, descentralizado, promotor. Ello permitirá configurar un Estado más fuerte, no sustentado exclusivamente en los "grandes capitales", promoviendo así un crecimiento armónico, impulsor de acciones colectivas e individuales, creador e inspirador de procesos que nacen desde y para las comunidades.

• Ser garantes de que nuestros habitantes gocen efectivamente de los servicios de salud, seguridad, educación, deporte, cultura, entre otras prerrogativas. Esto, sustentado en los estándares internacionales (número de servidores públicos por número de habitantes), especialmente los establecidos en el Sistema de Naciones Unidas, ente que señala que se debe "asegurar a los hombres y a las mujeres a gozar de todos los derechos económicos, sociales y culturales"; así como "el derecho de toda persona a tener la oportunidad de ganarse la vida mediante un trabajo Libremente escogido o aceptado. Entre las medidas "deberá figurar la orientación y formación técnico— profesional, la preparación de programas, normas y técnicas encaminadas a conseguir un desarrollo económico, social y cultural constante y la ocupación plena y productiva, en condiciones que garanticen las libertades políticas y económicas fundamentales de la persona humana".

●Rescatar desde las alcaldías la gobernabilidad plena de los municipios, procurando hacer cumplir desde la Asamblea Nacional, las competencias de los burgomaestres que beneficien a la ciudadanía. La nueva Ley del Régimen Municipal debe dar más poder a las corporaciones edilicias. Este es el mejor momento para recuperar espacios y hacer de la descentralización un propósito firme. Los alcaldes son los líderes más cercanos a los ciudadanos y tienen el deber de dar respuesta a sus problemas y necesidades. Urge acercar el poder a los ciudadanos y que estos también se empoderen en un marco de contraloría y propuestas, no de prácticas clientelares y de coacción.

●Minimizar el presidencialismo y dar paso a una democracia parlamentaria, adecuada a nuestra realidad.

●Designar la "segunda vuelta de votación" en sistemas de elección a cargos ejecutivos y legislativos. En otras palabras, llegar a cargos públicos con la obtención de más de la mitad de los votos emitidos.

●Reestructurar dentro del ordenamiento constitucional, el período presidencial, el cual debe reducirse de seis (06) a cuatro (04) años. Este replanteamiento debe abarcar cambios en el sistema de reelección, considerando que un ciudadano que ha sido presidente no puede ocupar el mismo cargo por segunda vez si el período de su gestión tiene una duración de seis años; es decir, una NO reelección total. Sin embargo, si el periodo logra reducirse a cuatro, la reelección debe ser permitida siempre y cuando no sea en períodos inmediatos. La medida se hace extensiva a cónyuges e hijos. Esto aplicaría a todo cargo de elección popular.

● Crear la figura del Primer Ministro: un jefe del Poder Ejecutivo, claramente diferenciado del "jefe de Estado".

● Volver al sistema bicameral para fortalecer a las regiones. Debemos contemplar las cámaras de senadores y diputados para lograr ese fin.

● En lo que respecta a nuestro movimiento, propiciar y estimular la participación de los independientes —sean estos grupos o individualidades— para que, dentro de un marco de democracia interna, puedan formar parte y actuar activamente en todos los procesos que nuestro voluntariado promueve, sin necesidad de que sean militantes per se de Partido Centro Democrático. Incluso, podrán aspirar a cargos de elección popular. Igualmente, tanto los militantes como los independientes están exentos de obligaciones partidistas, dentro de los gremios o cualquier estructura social a la que pertenezcan.

● Potenciar y promover la planificación en las diversas esferas gubernamentales para dar coherencia y cohesión a la gestión pública, y mejorar la eficiencia de las instituciones.

Participación política electoral

La separación de poderes es la clave de un sistema democrático, pero en la Venezuela de la V República esto quedó en cenizas. El Consejo Nacional Electoral, el órgano rector garante del voto no es más que un aparato del Gobierno, no de la democracia.

Debemos buscar fórmulas para minimizar el poder del CNE, con el fin de que este órgano delegue en las regiones y municipios competencias operativas. El CNE está para velar por el cumplimiento de las leyes y la transparencia en los procesos electorales, y no para abarcar todos los aspectos logísticos de estos a gran escala nacional y hasta vecinal. Si su estructura operativa fuese delegada en parte a corporaciones edilicias, existirían equipos humanos que se activarían dentro de las alcaldías para responder a los eventos comiciales, y así se reducirían los costos de lo que hoy se ha convertido en un monstruo inmanejable.

Pero además debe darse paso a una institución equilibrada, imparcial y veladora del todo el engranaje electoral de la República, desde el control y la verificación de los sistemas de votación hasta velar por el cumplimiento de las leyes que sobre este priman.

Por ejemplo, desde el PCD promovemos reformas de ley que incluya el derecho de candidatos independientes a percibir retribuciones financieras públicas proporcionales según sean sus resultados electorales, y si estos sobrepasan un mínimo de votos que sea estudiado y debatido como parte de la misma reforma que proponemos.

Esto fomenta el respeto por los esfuerzos financieros que desarrollan los independientes en contiendas electorales de cualquier nivel, desde los concejos municipales, hasta la Presidencia de la República y ayuda a construir nuevas vías de participación que no necesariamente deban ir ceñidas a partidos políticos.

El Estado, desde la óptica del PCD, tiene la obligación de apoyar las iniciativas electorales y darles sostenibilidad a las organizaciones según sea su número de militantes y votantes confirmados en elecciones. Así nos estaríamos sumando a las mejores prácticas de las democracias avanzadas del mundo occidental.

Entendamos que la democracia se sostiene sobre los partidos y los movimientos que participan activamente en los procesos electorales. Esta política hará posible que la corrupción en el manejo de los recursos públicos y los capitales de procedencia dudosa infiltren un aspecto tan vital para la república como las elecciones. Y en este mismo sentido destacamos la transparencia de los fondos gestionados en cualquier proceso electoral, a través del acceso público a cuentas y registros. Este es el deber ser en democracia.

En lo social

"La familia: motor de vida".
Carlos Alaimo

En el PCD reforzamos las máximas del social-cristianismo como hilo conductor de nuestros planes y propuestas. Es por ello que destacamos sus cuatro pilares primordiales: El bien común, la solidaridad, la autenticidad y la justicia social.

Creemos fielmente en la sinergia de estas fuerzas del tejido social para elevar el país a otros niveles donde hallemos dignidad y bienestar.

• Debemos poner las bases institucionales para brindar una verdadera justicia social como país. No hay justicia alguna sin el componente humano. Hay factores políticos que solo ven lo social como lo asistencial, cuando realmente se trata de construir oportunidades justas y equilibradas para todos, desde la educación y la profesionalización, hasta la salud, el emprendimiento y una vida digna.

• Procurar la solidaridad como un rasgo de nuestra identidad. La solidaridad fraternal como eje de relaciones fuertes y productivas en función de la protección de derechos y la ayuda natural y espontánea a causas humanas y de justicia.

• Afianzar la autenticidad como un valor ético y moral que tome cuerpo de ley entorno a la verdad como fundamento de acción y elemento clave para el control. Mentir debemos asumirlo como un delito.

• Reivindicar al ciudadano, quien debe estar por encima del Estado. En otros términos: un Estado al servicio de los ciudadanos y estos transformarse en contralores del mismo.

• Transformar las estructuras sociales a través del refuerzo de la toma de decisiones y la participación ciudadana, con la implementación del programa "**Tu voz decide, tu voz gobierno**". Este modelo de acción está enmarcado dentro de la NUEVA POLÍTICA que impulsamos. En este sentido, serán los propios habitantes quienes aportarán sus ideas, desde sus propias necesidades y las de su entorno, para construir un Plan de Gobierno real y pertinente para la ciudad. En asambleas de ciudadanos se recogerán sus propuestas para diseñar políticas públicas en áreas como deporte, urbanismo, salud, transporte, vialidad, seguridad, y para mejorar la ciudad.

• Centrar la atención en el ser humano y su hábitat.

• Diseñar y ejecutar las políticas para el bien común que englobe todas y cada una de las propuestas que aquí presentamos y que representan en sí nuestra visión de una relación sana dentro del Estado.

En nuestra visión de país el Estado no solo debe tener una política promotora para el desarrollo humano, sino que también corrija las desviaciones en materia económica que puedan lesionar al ciudadano y la familia. No podrá ser un Estado "dejar pasar, dejar hacer" en lo social, la obligación del mismo es crear todas las condiciones para la vida digna en Venezuela.

En lo económico

El Partido Centro Democrático prefigura un país alejado de los extremos y radicalismos que tanto daño han producido. Ni promulgamos un capitalismo aplastante ni creemos, como ya hemos demostrado, en un socialismo controlador de lo humano. Nuestra visión de país en lo económico radica en un equilibrio de fuerzas liberales con sentido humano y social. Es decir, apoyamos el crecimiento económico individual y colectivo, la creación de empresas, la apertura de nuevos mercados, la innovación, pero todo ello en un marco de crecimiento humano por igual.

Seguimos siendo el país con las reservas petroleras más grandes del mundo y aún muchos piensan que ese mundo no está cambiando. Es importante reconocer las tendencias que dibujan futuros de mercados energéticos verdes, de energías renovables, de la fusión nuclear, y de motores eléctricos. Debemos aprovechar nuestras próximas décadas, que no serán tantas, para abordar esa tarea pendiente de la diversificación de nuestra economía y poner fin a la etiqueta de país monoproductor.

Es hora de transformar nuestro petróleo en catalizador para el desarrollo de otras áreas que serán vitales en un futuro muy próximo, y donde la investigación y el desarrollo tecnológico seguirán siendo cruciales. Que sirva nuestro poderío energético de hoy para convertirnos en un país de múltiples y crecientes economías.

Venezuela, en 1999, tenía una planificación que contemplaba un crecimiento con políticas de apertura a la inversión privada para llevar la producción de petróleo a 6 millones de barriles diarios en 5 años. Hoy sumamos 20 años perdidos. La producción, que para ese entonces llegaba a 2.5 millones, ahora, en 2023, es de menos de 800 mil b/d. Mientras no se desarrollen los parques industriales y de manufactura de nuestras materias primas, así como hacer del turismo nuestra primera fuente de ingreso, la Industria energética se mantendrá como nuestra columna vertebral para el desarrollo de la Nación.

Pero el PCD también aborda el campo. Aquí hablamos de nuestra seguridad alimentaria, puesto que tenemos las mejores tierras preparadas para la agricultura, ganadería y recursos para la agroindustria.

Tan solo se debe diseñar una política que vaya en esa dirección. Muchos disparates y errores se han cometido contra este sector en el país. Desde expropiaciones, confiscaciones, (Recordemos el sonado caso del caso Franklin Brito), desinversiones en servicios públicos en este sector, a diferencia de los primeros 30 años de democracia (58-88) donde los gobiernos impulsaron inversiones determinantes para hacer del campo nuestro orgullo.

Queremos que más del 70% de los ciudadanos sea parte del empresariado y para ello será necesario crear las condiciones óptimas de seguridad jurídica, celeridad y legalidad en procesos administrativos que acaben con la burocracia, revisión de tipos impositivos, apertura de relaciones para mercados internacionales estratégicos. Esto impulsará directamente el emprendimiento y la democratización de la economía nacional, pero además nos llevará a los capitales que se fueron del país, de empresas con larga experiencia en Venezuela, retornen para crear nuevos ecosistemas donde apuntalemos producción y también conducción del talento formado en el país.

El Estado pasará de ser un ente asistencialista a un órgano promotor de desarrollo económico de su propia sociedad. Como socialcristianos también apoyamos las organizaciones cooperativas que tanto éxito sembraron en Europa y que hoy sigue siendo un modelo viable, perfectible y revisable para integrarse en estos tiempos.

Así pues, el PCD enmarca una propuesta económica en las siguientes líneas:

●Promover una economía social y ecológica de mercado. Asumir la economía desde un punto de vista humanista, centrada en la dignidad de las personas y teniendo el rol activo de las comunidades como ***leit motif.*** Fomentar además el emprendimiento a través de una actuación pertinente del Estado (que será vigilante mas no intervencionista) teniendo como norte el bien común. Una economía dirigida al ciudadano y no meramente a las "finanzas" o al capital, para permitir que el trabajo sea asumido como un valor y promueva el crecimiento del individuo.

●Democratizar la economía. Crear nuevos mercados en respuesta a las nuevas necesidades sociales. Se trata de organizar la producción en beneficio del colectivo ciudadano. Ello pasa por impulsar un Estado promotor, que permita, a través de estratégicas políticas públicas, mayor desarrollo humano, personal y grupal.

●Diseñar políticas financieras orientadas al hombre y no al capital

●Potenciar las libertades económicas, partiendo de la visión de una economía "con rostro humano".

●Reforzar la visión y la acción de la gestión privada como ente propulsor de actividades individuales.

●Fomentar modelos cooperativos y microempresas que brinden espacios para la acción socio—económica conjunta, solidaria, siguiendo los principios de los modelos de asociación privada. Se trata además de diseñar políticas públicas que promuevan la constitución y desarrollo de la pequeña y mediana empresa. Minimizar las inversiones en compras de costosos equipos militares, que terminan siendo chatarra y que no sirven efectivamente a la ciudadanía.

●Generar políticas que permitan la reorganización del buhonerismo y la economía informal. Elevar las condiciones humanas y laborales en este sector.

●Afianzar la unidad empresarial y sindical para impulsar una economía en sana armonía y con beneficios mutuos.

●Llevar a cabo un diagnóstico de necesidades económicas locales, revisando las particularidades y la dinámica propia de cada región, para planificar políticas ajustadas a cada realidad. Con ello se genera un crecimiento más equilibrado del Estado y una identidad económica propia.

En lo educativo

"La educación nos hace libres".
Carlos Alaimo

Creemos que el tema educativo debe pasar de ser un elemento olvidado a convertirse en una política de primerísima importancia para el Estado. Desde el PCD confiamos abiertamente en que nuestro sistema educativo necesita con urgencia reformas profundas para lograr insertarlo en la nueva sociedad del conocimiento que se construye hoy día. Hablamos de revisiones curriculares extensas, adaptación de nuevas tecnologías y modelos disruptivos, la reformulación de un presupuesto general para la educación pública acorde con el proyecto educativo, desde las edades infantiles, la formación técnica, hasta la educación universitaria.

El levantamiento de infraestructuras para una educación digna, su mantenimiento y su dotación en ciudades y las periferias, en pueblos remotos, es también una línea de desarrollo. Todo centro educativo en Venezuela debe mostrar una cara que llene de orgullo a su comunidad.

No comulgamos con una educación inclinada totalmente hacia el modelo capitalista en cualesquiera de sus niveles, ni tampoco confiamos en una educación plagada de ideologías socialistas, puesto que lo único que busca es el establecimiento de un control para forjar militantes. Nuestro planteamiento es una educación universal para todos, sin distingo de estatus económicos.

Abordamos la educación como un todo equilibrado, una educación pública innovadora y que responda a los estándares internacionales más exigentes, como ocurre en Europa, un sistema tan potente donde no existan brechas abismales en la formación, dotación, actualización y manejo de presupuestos, con respecto del sistema educativo privado.

Defendemos la idea de que un joven que aspire a una carrera universitaria, no encontrará limitante económica alguna que le impida su sueño.

Concebimos al ciudadano como un sujeto libre, que, aunque se forme gracias a las oportunidades que brinde el Estado, es independiente de este, pero es responsable al mismo tiempo de crear las relaciones sociales para sostener al mismo Estado que le ha brindado la oportunidad de formarse, usando las herramientas profesionales para crear justicia social, para proteger las libertades y los derechos y resguardar la democracia.

- Establecer criterios de planificación y gratuidad de la educación como un compromiso de Estado. La enseñanza primaria, secundaria, técnica y profesional, y superior debe ser obligatoria y accesible.

- Considerar la educación como un derecho inalienable y de calidad, desde el preescolar hasta la educación superior, y tal como lo plantea la UNESCO (Organización de las Naciones Unidas para la Educación, la Ciencia y la Cultura) debe asumirse como un derecho humano para todos, a lo largo de la vida. De hecho, las ambiciones en el ámbito de la educación que se plasman de manera esencial en el Objetivo de Desarrollo Sostenible (prevista en la Agenda

2030 para el Desarrollo Sostenible), pretenden "garantizar una educación inclusiva y equitativa de calidad y promover oportunidades de aprendizaje permanente para todos".

• Diseñar estrategias de enseñanza/aprendizaje para preparar al ciudadano para la vida, partiendo del concepto de la educación integral, humana, holística, reflexiva, crítica y con el refuerzo de valores como meta.

• Incentivar una educación que impulse el desarrollo de un hombre libre, con un pensamiento amplio, tolerante y sin dogmas o dominios ideológicos.

• Impulsar una educación que estimule el amor al trabajo, a un oficio productivo, a través de políticas diseñadas de acuerdo con las necesidades de la región. Se trata de darle acento al valor del trabajo como vehículo para el cambio social, incrementando la productividad socioeconómica, y reforzando el aspecto académico/laboral con ética, mística y humanismo. Ello potenciando el aspecto ocupacional, a través del refuerzo de las competencias. El fomento de este tipo de educación se haría a través de la conformación sistemática de escuelas técnicas que deben erigirse en todo el país, renovar las ya existentes y relanzarlas para las exigencias de la modernidad. La intención: preparar en oficios, diversificar la educación, y desconcentrar de las "profesiones tradicionales" los objetivos de la planificación educativa de la nación. Una sociedad no solo se construye con doctores, el talento técnico es igualmente fundamental para el avance del país. Por ello elevamos en esta propuesta la constitución de un viceministerio de Educación para el Trabajo que vele por la planificación, ejecución y evaluación de resultados del sistema educativo técnico nacional.

• La educación debe orientarse hacia el pleno desarrollo de la personalidad promoviendo el respeto por los derechos humanos, así como lo señala el Sistema de Naciones Unidas, la educación como capacitadora de las personas para que puedan interactuar de forma efectiva en una sociedad libre, favoreciendo la comprensión, la tolerancia y la amistad entre todos los grupos raciales, étnicos o religiosos. El fin: mantener y propiciar la paz.

• Impulsar la cohesión de proyectos educativos, deportivos y culturales dentro de los mismos espacios y no de forma separada. Las escuelas primarias estarán dotadas de teatros, gimnasios y campos deportivos.

• Crear las condiciones para que el Estado asigne presupuestos a escuelas para mantener instalaciones deportivas hoy desatendidas e integrarlas como un espacio de formación asociadas a los centros educativos.

• Implementar políticas especiales de promoción y protección para los educadores rurales: Designar viviendas dignas, sueldos compensatorios por su entrega a la formación en lugares lejanos de su hogar.

• Promover la educación básica para aquellas personas que no hayan recibido o terminado el ciclo completo de instrucción primaria.

• Desarrollar un sistema adecuado de becas dirigido a todos los niveles de la educación.

• Establecer un plan de formación y actualización docente que garantice el mejoramiento continuo de las condiciones materiales, espirituales e intelectuales del educador.

• Impulsar un rol decididamente más activo y abierto del Estado; que se convierta en un propulsor de espacios, instancias y centros donde se imparte la enseñanza, respetando la planificación macro de la educación; de manera que también se promuevan, desde el sector privado, diversas propuestas educativas sin filtros ni burocracia administrativa de por medio.

Carlos Alaimo anuncia el plan de becas "Arístides Calvani" para 7 mil jóvenes zulianos para formarse en universidades del Estado.

(Der. Izq) Carlos Alaimo, Judith Aular, Rectora de la Universidad del Zulia (LUZ) e Iván Cañizalez, decano de la facultad de Ciencias Económicas y Sociales de LUZ, durante el acto académico en que tuvo lugar el anuncio de los 7 mil becados zulianos.

En la salud

"Tenemos un sueño: Ante la puerta de un hospital público o privado, todos somos iguales".
Carlos Alaimo

En el PCD abogamos por la inserción de un modelo social de salud, en un marco de libertades económicas. Es importante recalcar que el plan no contempla la privatización de la salud nacional, pero sí una reforma a fondo de todo el modelo público ya caducado.

Las revisiones prevén igualmente la protección a la iniciativa privada de salud. Nuestra visión rechaza abiertamente por igual la instauración de un capitalismo por la salud en donde el ser humano es secundario, así como también los extremos del comunismo que desprofesionaliza la medicina con el objetivo de crear un sistema de salud clientelar y pone la vida de venezolanos en manos de personal sin formación.

En Venezuela tenemos todas las condiciones para impulsar un sistema de atención diaria y preventiva sin coste alguno para nuestros ciudadanos. Para ello exponemos nuestras líneas de acción:

●Hacer realidad nuestra premisa: **"ante las puertas**

de un hospital público y privado todos somos iguales"; haciendo concreción el sueño de una sociedad política ideal que busca el bienestar común en todos sus sentidos, especialmente en materia de salud, la cual debe ser asumida como un estado de equilibrio subjetivo y objetivo (físico, mental y social) logrando la plena capacidad de funcionamiento en los aspectos micro y macro del ser humano.

●Establecer el **Sistema Nacional Único de Salud**, puesto en marcha en países primermundistas, pero que en nuestra región serán adecuados a nuestra realidad e idiosincrasia. Este sistema definirá las directrices a seguir, el funcionamiento y la operatividad en materia de salud pública buscando la descentralización de los procesos, de lo nacional a lo regional, de lo local y lo parroquial. La intención es ampliar el acceso de la población a la atención básica de salud y contribuir a reducir las inequidades. Todo ello alineado con la estrategia prevista para garantizar el acceso universal a la salud y su cobertura aprobada por el consejo directivo de la OPS/OMS.

●Construir un sistema de medicina social y humanista al servicio de todos los ciudadanos por igual, especialmente en el sector público — columna vertebral del sector salud — dado que las estructuras privadas deben circunscribirse a actuar como coadyuvantes.

●Creación de Departamentos (zonas, áreas, distritos) Sanitarios Indígenas. Reforzar y categorizar, desde el punto de vista sanitario, las áreas geográficas donde estén asentadas las comunidades indígenas, cuya población tiene características y necesidades epidemiológicas y sociales específicas. Aquí debe establecerse un proceso de prioridades en la resolución de problemas y rotación de recursos humanos, tecnológicos y monetarios que se ameriten. Se deben crear planes especiales para atender, por ejemplo, la falta de medicinas o camas para pacientes, la carencia de personal médico y paramédico, la incidencia de infecciones y enfermedades masivas: endemias, epidemias y pandemias. Asimismo, debe incluirse una representación indígena dentro del Sistema Nacional de Salud para asegurar que las necesidades reales de esas zonas son atendidas de manera pertinente.

●Reforzar en la práctica una medicina más preventiva que curativa. El Estado debe velar siempre por la salud de la población. Se pretende con ello conseguir personas más sanas y productivas, incrementando la calidad y expectativa de vida de la ciudadanía.

●Impulsar entre todos los espacios públicos un modelo sanitario que haga posible un diseño único de políticas que implique una descentralización operativa y una parroquialización de la atención médica. Todo ello basado en la atención primaria de la salud.

●Promover la creación del "**Carné de Registro Sanitario**" y los Sistemas Locales de Salud, enmarcados dentro de un Sistema Nacional Único de Salud. Este documento de identificación es una garantía de acceso al "médico de familia", los cuales estarán operativamente distribuidos considerando una estrategia geográfica que permita atención plena, cercana e inmediata para todos. Esto tomando en cuenta los estándares por los que se rige la Organización Mundial de la Salud (OMS), organismo adscrito a la Organización de Naciones Unidas (ONU). Este carné representa el historial médico del ciudadano.

●Reforzar la figura, en ese sentido, del **médico de familia**, que no es otro que el "médico de primer contacto", el de la atención primaria, intradomiciliaria y comunitaria, con sólidas habilidades y amplia experiencia en la consulta externa. Capaz de resolver el 90% de los problemas de salud, a través de cuidados continuos e integrales. De tal manera que el ciudadano nunca estará desasistido, siempre estará dentro del **"círculo de la salud"**, con una asistencia oportuna y de calidad. Una historia clínica familiar servirá de referencia y contrareferencia.

●La columna vertebral del sistema de salud pública de Venezuela debe ser el subsector público. El subsector privado será coadyuvante de un nuevo modelo de salud nacional.

Seguridad social

"Ningún ciudadano que llegue a la adultez mayor será una carga para las familias".
Carlos Alaimo

Uno de los grandes objetivos en los que el PCD trabaja es en la salud y la Seguridad Social. En el apartado anterior desglosamos líneas madres de cuidados médicos para nuestra gente, pero no puede haber salud sin seguridad social, es por ello que esta política tendrá un espacio importante en la construcción del país que soñamos. El salto más trascendental que daremos será el de **elevar al Instituto Venezolano de Seguros Sociales (IVSS), al Ministerio de Seguridad Social.**

Esta cartera tendrá una política de gestión autónoma. El planteamiento que hacemos es que, los recursos que hoy en día muchos ministerios manejan en su presupuesto, sean redireccionados a este macro-ente que hará posible un país donde cada ciudadano trabajador esté blindado en materia de salud y, en cuya edad adulta, una vez haya cumplido sus años de servicio, disfrute de la atención esmerada de un Estado innovador. Queremos que la felicidad de los adultos mayores, quienes dieron los mejores años de su vida a construir país, no recaiga en manos de sus hijos, sino de las instituciones que ayudaron a levantar.

Es el compromiso y reto que asumimos en la nueva República a refundar, y a su vez reforzaremos lineamientos constitucionales para potenciar las pensiones, jubilaciones, atención por accidentes, incapacidades, vacaciones y recreación.

Promoveremos una actualización sobre las tendencias más efectivas y precisas de atención desarrolladas en sociedades de primer mundo que llevan a elevar directamente la expectativa de vida de las personas y que ya estaría ya llegando a los 80 años de edad.

En Venezuela tememos lo peor en cuanto a este indicador tras décadas de miseria y limitaciones para el acceso continuo a medicamentos y alimentos, al estrés crónico y muchos factores más devenidos de las crisis políticas y económicas. La suma de todos esos males sigue contrayendo nuestra esperanza de vida. Con el Ministerio de Seguridad Social lograremos que el venezolano tenga un nivel de vida digna y de calidad sobre estándares mundiales.

- Crear el Ministerio de Seguridad Social, que devolverá el IVSS a esta cartera, deslastrándolo del componente médico.

- Mejorar las condiciones laborales en términos de seguridad social y salarial, de todos los empleados públicos, especialmente en los sectores de salud, seguridad, educación y justicia, que conforman los cuatro pilares del Estado. En este sentido, el presupuesto de la nación debe estipularlo.

- Procurar mayor reconocimiento social de los empleados públicos. La sociedad debe volver la mirada a nuestros médicos, policías, maestros y jueces y enorgullecerse de ellos. Una de las maneras para lograrlo es por la vía de la capacitación, formación y actualización de conocimientos.

●Reforzar la Ley de Carrera Administrativa que regula los deberes y derechos de los empleados públicos en sus relaciones con la Administración Pública Nacional.

●Procurar una "Segunda vida" a los jubilados y pensionados de la administración pública, de manera que puedan continuar formando parte, de manera activa, de una sociedad moderna, con empleados públicos Dignificados y con mayor calidad de vida. Todos tienen derecho a una jubilación justa y no disminuida, una prerrogativa que nunca debió arrebatársele a los trabajadores en cesantía, a los jubilados y pensionados en general.

●Diseñar políticas para la adquisición de viviendas a través de préstamos accesibles, lo que, desde el punto de vista social, potenciaría además el rol de la familia. Esta política debería prever y considerar la procedencia y el estatus social de los integrantes del núcleo familiar.

En administración de justicia

Ninguna nación en el mundo puede crecer sin una sana administración de justicia. La justicia es el marco que regula una sociedad, y esta tiene que estar al servicio de la verdad y de la Constitución nacional.

Se deben configurar políticas descontaminadas de las manos de los partidos políticos. Los jueces, desde el inicio de sus carreras, deben estar preparados para tener conciencia del significado de la justicia para el desarrollo de una sociedad armoniosa, humanista, que privilegie la verdad, la ética y la moral y esto obliga a revisar el modelo de selección de nuestros jueces desde el primer nivel hasta una magistratura.

En la V República, el régimen que aún opera en Venezuela, el 97 por ciento de los jueces son designados a mano. Tenemos una administración de justicia al servicio de un proyecto político. Esta es la tarea más difícil que tiene el Centro Democrático para coadyuvar a crear las condiciones para configurar la mejor administración de justicia posible.

Necesitamos más y mejores jueces, es una urgencia del país, jueces que a su vez estén bien remunerados, que se les permita vivir dignamente y que se proteja su bienestar ante los intentos de grupos de presión, factores políticos o criminales por corromperlos.

Un juez debe ser el garante de la paz y la confianza en la justicia para la sociedad. Por ello, proponemos la elección de jueces por los ciudadanos, lo que permitiría devolver la responsabilidad en este escalafón primordial a la ciudadanía formada y educada. Esto aseguraría que aquellos que imparten justicia sean elegidos en base a sus habilidades y vocación, que se adecuen a un proyecto de vida y carrera profesional de altísima responsabilidad para la República.

En el PCD vamos también a trabajar para la descentralización de la administración de justicia. La sociedad civil de cada Estado debe tener responsabilidad en la selección de sus jueces y que estos no sean designados desde Caracas.

La justicia en un país que se hace llamar federal debe igualmente ser descentralizada. Recordemos las experiencias de los TSJ regionales en la década de 1940. Leyes estadales, y leyes federales conviven en un mismo sistema. Venimos de una Constitución que es letra muerta sobre el federalismo. Necesitamos dar un golpe de transición al centralismo.

Recordemos figuras importantes en los cambios profundos de naciones, como la de Torcuato Fernández Miranda, el guionista de la transición española de la dictadura a la democracia, quien recomendaba siempre al presidente Adolfo Suárez, que la ruta era ir de la Ley a la Ley.

Un juez no puede ser influenciado por factores económicos o políticos. La legislación de la ética será fundamental para proteger al mismo cuerpo de jueces.

En el mundo moderno, así como hay parámetros para conocer el número necesario de médicos o policías por habitante, igualmente están los estándares para definir el número de jueces para cumplir con las premisas de accesibilidad y respuesta oportuna de la justicia.

Así entonces plasmamos estas propuestas:

• Insistir en la concepción de IGUALDAD en términos de valor fundamental para conseguir una mejor sociedad, a través del respeto de los derechos humanos. En este sentido, en materia de administración de justicia, desarrollaremos estrategias para que se cumpla nuestra visión que traduce que "ante la Ley todos somos iguales".

• Devolverle al ciudadano una administración de justicia apegado a la verdad y a la Constitución Nacional. Una justicia contaminada del componente partidista/ideológico. Una política de administración de justicia que no salte al pasado, que no sea un apéndice del partido de Gobierno de turno.

• Impulsar una administración de justicia renovada, adecuada a los tiempos modernos, que se desvista o deslastre del tinte político. Debe ser oportuna y accesible. El Estado debe garantizar la defensa y protección de los que no tienen recursos las 24 horas del día, por ello deben existir suficientes jueces para hacer frente al reto, todos y cada uno de ellos con los niveles de profesionalización más exigentes.

• Fomentar propuestas para que, dentro de la instancia administradora de justicia, los actores que la dirigen y organizan sean elegidos por los ciudadanos.

• Brindar a todos los ciudadanos, por igual, la atención primaria y la asesoría legal necesaria para la resolución de conflictos, desde los juzgados de control hasta los entes legales municipales.

• Promover una justicia federal considerando que el número de jueces en las diferentes instancias deben ser asignados por determinado número de habitantes.

Carlos Alaimo visitando sectores populares de Maracaibo y ejecutando planes de ayuda social.

Poder moral

En el marco de la refundación de la República que plantea el PCD, se busca que el poder moral tenga un rol definitorio en la consolidación de una verdadera democracia en Venezuela. La democracia, entendida esta como modelo político, implica la independencia y autonomía de las instituciones, lo cual solo puede ser posible si existe un poder moral fuerte que haga cumplir las leyes y garantice la justicia en igualdad de condiciones para todos los ciudadanos.

En la IV República, hubo grandes esfuerzos para lograr tener y mantener una administración de justicia y un poder moral que respondían claramente a la Constitución.

Este hecho permitió que actores políticos, incluyendo ministros, presidentes y alcaldes, fueran juzgados y encarcelados, sin importar su posición o poder.

Estos episodios históricos son un ejemplo de cómo se puede consolidar una democracia sólida y verdadera, donde las instituciones actúen de manera autónoma e independiente.

Para la VI República será necesario rescatar el papel del poder moral en la sociedad. Para lograr esto, es fundamental que los procesos de selección de los encargados de administrar justicia, así como de los fiscales, defensores públicos y contralores, sean rigurosos y transparentes, y que se realicen desde los entes municipales y nacionales. Solo así se podrán garantizar instituciones fuertes e independientes, capaces de actuar sin temor a las presiones políticas o económicas.

En el PCD promovemos estas propuestas:

•Rescatar la independencia de los poderes públicos (Fiscalía, Defensoría y Contraloría) y coadyuvar a que los ciudadanos elijan a sus propios representantes en este conjunto de órganos e instituciones del Estado a través de modelos de elección pertinentes, manteniendo la prerrogativa que tienen para elegir a alguien, pero también para sacarlo del poder.

•Promover acciones que conduzcan a la autonomía del poder ciudadano, buscando que esté exento de condicionamientos partidistas y por el contrario permanezca en manos de ciudadanos de alta honorabilidad y reconocida trayectoria.

•Diseñar estrategias que propicien el orden y el establecimiento de normas para la convivencia humana, buscando la interacción y la sana convivencia, de manera que nuestra sociedad sea capaz de alcanzar la categoría de Estado.

Seguridad ciudadana

Debemos concebir un Estado que le otorgue primacía a la seguridad ciudadana, es una necesidad acuciante. Pero no se trata únicamente de diseñar políticas públicas que defiendan a los ciudadanos de la delincuencia común y organizada. La seguridad ciudadana es algo más profundo, algo que va más allá de la mera protección del ciudadano frente a la violencia.

La **seguridad ciudadana es un instrumento** que, bien utilizado, puede proporcionar a la sociedad una sensación de tranquilidad, de confianza, de serenidad. **Es un medio para devolver los espacios públicos a los ciudadanos, para permitirles que disfruten de la ciudad sin temor a la criminalidad o la violencia asesina tan visible hoy día.** La tarea, nada fácil, demanda de una política de Estado integral que aborde los problemas de seguridad desde distintas perspectivas.

La seguridad ciudadana no se puede lograr solo con políticas de represión policial. Es necesario abordar los problemas de inseguridad desde una perspectiva más amplia, que incluya la prevención del delito, la rehabilitación de los delincuentes, la educación ciudadana, la promoción de la cultura de la legalidad y el fortalecimiento de las instituciones encargadas de la seguridad pública.

Una política que permita, no solo la convivencia sana de los residentes de cada región, sino a su vez que esta sea una política que diseñe estructuras para el crecimiento económico a gran escala puesto que, donde hay seguridad ciudadana, hay inversión y turismo.

En las metrópolis del mundo, donde la industria del turismo es la principal fuente de ingresos y empleo, la seguridad ciudadana se convierte en el sustento de su prosperidad. En este sentido, **la prevención se vuelve foco para la protección social, en contraposición a las prácticas represivas.**

Es decir, el énfasis se coloca en medidas que eviten los delitos antes de que ocurran, en lugar de reaccionar a ellos una vez que se hayan perpetrado. Este enfoque no solo garantiza la tranquilidad de los visitantes y los residentes, sino que también devuelve los espacios públicos a los ciudadanos y les permite disfrutar de ellos con serenidad.

En el PCD trabajamos para tener una sociedad protegida y esto obligará a tener un presupuesto destinado a generar más empleos en este sector. Personal mejor remunerado y darle todas las herramientas necesarias para combatir todos los tipos de crímenes.

Presentamos a continuación propuestas de acción política:

- Crear una cultura para la vida, promover valores que permitan concebir una sociedad menos violenta y más humana, como parte de la prevención del delito. De esta manera podremos tener inversiones adecuadas con los mismos estándares de los países movernos. Dicha inversión debe vincularse con el número de policías según el número de habitantes. Asimismo, el sistema de patrullaje y las acciones preventivas por zona.

- Reivindicar el concepto de "Sociedad Civil". Ir hacia una sociedad de "Ciudadanos" donde la presencia militar esté exclusivamente circunscrita a cuarteles y a velar por la seguridad del Estado

• Eliminar las alcabalas militares y policiales dentro del país, pues solo sirven para el lucro de los funcionarios. El Estado debe implementar otro tipo de sistema de seguridad para garantizar la paz dentro de nuestro territorio. Si vamos al encuentro de una comunicación más allá de nuestras propias fronteras, cómo colocar fronteras dentro de nuestro propio territorio. Se ha demostrado durante 60 años, que las alcabalas, en cada entrada de Estado, solo se han traducido en corrupción. Soñamos con una Venezuela al mejor estilo de la Unión Europea, donde se puede cruzar 27 naciones sin que nos pidan pasaporte.

Seguridad de Estado

La seguridad de Estado tiene que darse con nuevos paradigmas que sean capaces de innovar en la formación de cuerpos profesionales de defensa nacional. Esto va más allá de la simple institución militar.

La seguridad de Estado tiene que ser extendida a los civiles, ya que estos también forman parte del interés nacional en la defensa de su soberanía, y para ello, la diplomacia es un componente muy importante en la seguridad de Estado.

Por décadas hemos luchado por la defensa de nuestros territorios limítrofes, y las confrontaciones binacionales se han evitado por cuenta de la propia diplomacia. Sin embargo, zonas en disputa histórica (Más de medio siglo) como la Guyana Esequiba y los recursos explotados en franjas marítimas por Guayana, siguen abiertos y sin resolución. Aquí la política y las leyes internacionales, y el conocimiento de estas, son también resguardo y protección de nuestro territorio.

El Instituto de Alta Defensa del Estado, por el que pasaron hombres probos y alta intelectualidad en la IV República, hoy es un centro teñido más por ideologías comunistas que por investigaciones y estrategias. Es tiempo que este órgano no solo sea parte de un componente militar, sino ciudadano, de estudios soportados por centros de investigaciones civiles que aporten igualmente valor a la defensa del territorio.

En el PCD queremos abrazar el mundo moderno, nos identificamos con el occidente, estamos muy distantes del polo de China, Rusia, Corea del Norte o Cuba, y dentro de esa autenticidad construiremos, un día, un gobierno cuyo Ministerio de Defensa esté en manos de un Civil. Tenemos que construir un paradigma donde el funcionario militar esté subordinado sólo a las leyes y a la Constitución y a hombres ni partidos, sino a la propia ley.

Debemos tener un claro concepto de defensa de nuestras fronteras, del medioambiente, de la extracción de recursos naturales y estos marcos de acción deben ser configurados como un nuevo modelo del sector militar que vamos formar.

Venezuela se encuentra con unas fronteras que han sido penetradas por diferentes guerrillas y paramilitares colombianas y brasileñas, y asimismo ha servido para crear puentes del narcotráfico.

Tendremos la obligación de solicitar apoyos de organismos internacionales para proteger nuestras fronteras, no solo con inventarios, sino con la formación de nuestros cuerpos castrenses para defender nuestra República. Hoy se nos etiqueta como narcoestado, por lo que uno de los mayores retos de la sexta República que proponemos es precisamente quitarnos semejante calificativo de encima, y en medio de las tareas no tendríamos porqué descartar la solicitud de la presencia de los cascos azules a todo lo largo y ancho de nuestras fronteras.

Nuestro cuerpo militar debe desocuparse de actividades que no son naturales de su responsabilidad y concentrarse en la defensa integral de fronteras. Debemos construir una nueva academia militar insertada en los valores y avances del mundo occidental. Rescatar el orgullo de llevar el legado y el uniforme de Bolívar.

A continuación, la propuesta de rutas que exponemos desde el Partido Centro Democrático:

- Minimizar las inversiones en compras de costosos equipos militares, que terminan siendo chatarras y que no sirven efectivamente a la ciudadanía.

- Fomentar acciones que conduzcan a disminuir la burocracia militar en la región central del país.

- Reforzar y dinamizar la presencia de la milicia en nuestras fronteras, hoy pisoteadas por grupos paramilitares y guerrilla. Los efectivos militares deben estar circunscritos a cuarteles y fronteras, velando por la seguridad del Estado.

- Reforzar en los estudios y la investigación civil para la defensa y que esta sea integrada como valor estratégico de la nación.

- Impulsar una diplomacia activa, batalladora y planificada para la defensa de los intereses del país.

- Promover alianzas internacionales para la dotación de tecnología de defensa y adiestramiento de cuerpos de seguridad.

- Rescatar la moral perdida en el estamento militar para elevar la mirada de nuestros jóvenes en el servicio militar obligatorio, que debe adecuarse a excepciones claras de perfil y tiempo de permanencia. Esto nos ayudará a eliminar la figura de las milicias propias de modelos extremistas tanto de derechas como de izquierdas.

Política internacional

El cese del partidismo en la carrera de la diplomacia se debe terminar con la llegada de la sexta República. En el proyecto país que presentamos la meritocracia debe ser un componente desde el primer día, al seleccionar a un funcionario para la estrategia diplomática y los puestos clave de nuestra cancillería.

Nuestros profesionales diplomáticos tienen que estar preparados al mejor nivel para proteger la proyección, los intereses y las alianzas del Estado Venezolano en el mundo.

Hoy en día este modelo ha sido limitado a la promoción y difusión del pensamiento político del actual modelo de gobierno implementado por Hugo Chávez y extendido por Nicolás Maduro. Para eso y tan solo eso ha servido la diplomacia venezolana, ser portavoz del pensamiento doctrinario del socialismo y buscar impactar a juventudes de todo el mundo, incluso en instituciones universitarias del primer mundo que han sido penetrados por el comunismo.

Se debe acabar con la práctica de los maletines para comprar voluntades y formar movimientos políticos. (Casos Podemos en España, Ecuador, Bolivia, Argentina).

Debemos tener a profesionales en negociaciones de conflictos, formados en el tema penal internacional, un componente importante en la política internacional del país, profundizar y extender nuestra presencia en organismos como la ONU y la OEA, mantener canales abiertos y activos en Unión Europea, y liderar procesos que vayan dirigidos a la reconstrucción de un país, sin dejar de lado los apoyos a la protección de los sistemas democráticos del mundo. Debemos hacer efectivas estrategias para integrarnos en los bloques del mundo libre y estar inmersos en las gestiones de la política vanguardista y moderna de la diplomacia.

En el PCD consideramos estas líneas para abrir camino:

●Desarrollar una visión humanista de la política exterior, entendiendo que las relaciones con el resto de los países deben estar basadas en el respeto, la cooperación, la convivencia pacífica, el desarrollo conjunto de proyectos socioeconómicos y culturales, en el marco de la defensa de la democracia y los derechos fundamentales del hombre.

●En un contexto de justa colaboración o ayuda mutua, garantizar a la nación autonomía alimentaria, energética, financiera, cultural y de recursos naturales.

●Mantener la ventaja de ser exportadores de energía, buscando estrategias que nos permitan mejorar las relaciones con los países productores de petróleo, gas y otros derivados.

●Garantizar la inserción estratégica en el mercado mundial, basados en el principio de relación ganar—ganar.

●Permitir una frontera abierta, una sociedad abierta, un país abierto. Posibilitar el libre tránsito y el libre intercambio económico con los países que nos circundan.

En cultura

En el diseño de política cultural lo importante es valorar este componente desde el inicio de la formación ciudadana e incluso desde la infancia. El objetivo es transmitir el arte en el marco de programas pedagógicos y la propia familia. El Estado debe ser promotor de la cultura y la tradición desde la escuela y así ir construyendo una identidad y un conocimiento sobre las distintas disciplinas artísticas, no solo locales y nacionales, sino también las grandes corrientes artísticas mundiales que han marcado la historia.

Es necesario que el Estado destine importantes recursos en esta formación y tenemos grandes éxitos como país que demuestran el arraigo del venezolano, como el **Sistema Nacional de Orquestas y Coros Juveniles e Infantiles, del maestro José Antonio Abreu** un modelo de tal calado que fue exportado a varios continentes por su gran valor y efectividad en el aprendizaje de la música y su poder de inclusión social, un modelo concebido y articulado en democracia.

Este modelo, que ha demostrado su éxito en la música, puede extenderse a todas las expresiones culturales que poseen un potencial importante en nuestro país. Es imperativo fortalecer y relanzar las escuelas de arte, incrementar la financiación de los conservatorios regionales y despertar la pasión por el teatro, la danza, la pintura, el canto, la escultura y la actuación desde temprana edad. Solo de esta manera podremos asegurar el florecimiento y la expansión de nuestra cultura en toda su magnitud, y llevarla al nivel de excelencia que merece.

Con estos argumentos desde el PCD proponemos algunas rutas de acción en el tema cultural:

- Democratizar la cultura a través de la creación de un programa integral para la promoción de proyectos artísticos y culturales, permitiendo que este tipo de actividades lleguen a todo tipo de comunidades.

- En este mismo sentido, impulsar la creación de proyectos y actividades artístico/culturales (música, canto, teatro, artes plásticas, danza clásica, contemporánea y folclórica, fotografía, cine, entre otras) en las parroquias y municipios para permitir la inclusión y participación masiva de toda la sociedad, alejando a la cultura de una visión elitista.

- Fomentar políticas diseñadas desde la escuela para propiciar una formación cultural integral, reforzando nuestros valores, creencias e idiosincrasia. Fortalecer la visión de lo que somos.

- Promover la cogestión entre los gobiernos locales, regionales, nacionales e instituciones públicas y privadas con el fin de potenciar diversas propuestas culturales.

- Construir, rescatar y adecuar espacios destinados a la promoción de nuevos talentos y espectáculos culturales gratuitos. Ejemplo de ello: la Plaza de Toros.

- Velar para que el Estado sea siempre responsable de la gestión del patrimonio local, regional y nacional (tangible e intangible).

- Promover la cultura como un instrumento contra la

violencia y la inseguridad. En este sentido propiciaremos la instalación y activación de Bibliotecas, salas de teatro, parques y/o plazas en las zonas menos favorecidas, social y económicamente, para brindarle a los niños y jóvenes la posibilidad de creer en otras oportunidades de vida, alejándolos de la marginación y la violencia. Cada una de estas instalaciones culturales contará de manera permanente con un presupuesto asignado por el Estado.

●Desarrollar la campaña "Venezuela Lee" con el fin de garantizar el acceso a la lectura de forma masiva para que los ciudadanos puedan acercarse al conocimiento de manera continua y puedan desarrollar una actitud crítica y reflexiva frente al contexto y los hechos sociales, económicos y políticos del país.

●Fomentar y generar espacio para la interrelación de la cultura, el turismo y la educación.

●Ampliar el presupuesto del sector, según las recomendaciones de la Unesco (1 por ciento del Producto Interno Bruto).

En deporte, recreación y educación física

Tan vital es este componente que su integración en los programas educativos es esencial. Los espacios para prácticas deportivas y educación física en las instituciones educativas deben ser atendidos con suma diligencia, destinando los recursos necesarios para crear entornos que promuevan el deporte y funcionen como focos de cohesión familiar y educativa, así como barreras contra la delincuencia. Solo así podremos cultivar ciudadanos saludables, disciplinados y conscientes de la importancia del bienestar físico y mental en el desarrollo integral de la persona.

El Estado debe tener políticas para promover financiamiento a los atletas en sus diferentes disciplinas. Las instalaciones deportivas deben tener apoyo nutricional, de psicología deportiva, de ciencia aplicada al deporte. Este es un reto del Estado, el órgano que da la mano a la formación física y el deporte desde la infancia.

El fomento del deporte no debe limitarse solo al ámbito competitivo o amateur, sino que también es fundamental impulsar la actividad física recreativa en todas las edades. El sedentarismo y la falta de ejercicio físico son problemas de salud pública que afectan a un gran número de personas en todo el mundo, por lo que promover la actividad física como forma de cuidar la salud y el bienestar se vuelve una prioridad. Cada municipio y parroquia del país podrá implementar un plan social que fomente la actividad física y deportiva como una forma de mejorar la calidad de vida de sus habitantes.

Desde el PCD avanzamos con estas seis propuestas clave:

•Impulsar el deporte en todas sus disciplinas a través de la creación de un organismo parroquial, adscrito a la dirección de deportes regional, y así reforzar el potencial de atletas en todo el país.

•Garantizar y promover la ejecución de actividades deportivas y recreacionales a todos los ciudadanos, en igualdad de condiciones. Ello incluye a niños, jóvenes, adultos mayores, personas con discapacidad y comunidades indígenas.

•Promover el deporte de forma masiva como instrumento de cohesión e inclusión social.

•Potenciar la relación del deporte, la recreación y la educación física con la salud. Garantizando a la ciudadanía el acceso a la práctica deportiva y así minimizar el sedentarismo y la obesidad, a través de la promoción de hábitos saludables de vida.

•Desarrollar actividades de educación física en las escuelas de una forma más diversificada, desarrollando modelos de actividad física que potencien los valores positivos, minimizando los contravalores.

•Promover el deporte como un instrumento contra la violencia y la inseguridad, propiciando la instalación y activación de parques, plazas, canchas deportivas en las zonas menos favorecidas. De esta manera, cada centro deportivo tendrá un presupuesto asignado por el Estado. El manejo y control administrativo de estos espacios estará en manos de la escuela, colegio o liceo que esté en el área, y de una representación comunitaria.

Siempre en labor de calle. Aquí Carlos Alaimo en plena campaña, rodeado de seguidores y militantes del Partido Centro Democrático.

En turismo

Venezuela tiene las condiciones para hacer de este sector de la economía el de mayor ingreso aún por encima del petróleo. Una geografía de unos 916.445 kilómetros cuadrados donde convergen playas, bosques, selvas, ciudades y unos parajes de altísima demanda internacional como Canaima, Los Roques, Mérida, La Gran Sabana, ¿cómo hacerlo posible? Solo necesitamos tener conciencia de que la industria turística puede generar más ingresos que el mismo petróleo.

El Estado debe destinar presupuestos estratégicos a este sector para crear una potente red de servicios públicos básicos que lo desarrollen aceleradamente con vialidad, agua, electricidad, mayor conectividad marítima, aérea y terrestre que permita crear el escenario perfecto para que empresas de todo el mundo sean atraídas a nuestro país.

Se necesitan políticas públicas de un Estado como el que concebimos, promotor para alentar al sector privado y darle las motivaciones necesarias para que este se desarrolle a plenitud.

Las escuelas de turismo e instituciones que preparen al recurso humano destinado para este sector, deben ser masificadas formando a gerentes, traductores, operadores, chefs, administradores, guías, monitores de recreación, ayudantes de cocina, camareros y muchos otros, para profesionalizar a todos los trabajadores y empleados que tengan cabida en esta economía.

En los últimos 40 años, las propias instalaciones que promovió el Estado en ejes turísticos se perdieron. En el Zulia, por ejemplo, tenemos Caimare Chico, el escape por defecto de los zulianos, y que pudo haber sido lo que es Santa Marta para Colombia, pero terminó por olvidarse, pudimos traer turismo caribeño y colombiano, pero resultó en un territorio destruido. No se tuvo calidad política para conocer la importancia del turismo en el país.

La tarea de recuperar lo perdido se antoja gigantesca, pero debemos emprenderla sin descanso. En el horizonte cercano, nos aguarda la misión de atraer nuevamente a los cruceros que antes tocaban nuestras costas, en La Guaira, Maracaibo y el oriente del país. Esta labor requerirá un esfuerzo conjunto y perseverancia, pero será un paso importante en la revitalización del turismo y la economía nacional.

Venezuela, por su geopolítica, necesita rescatar vuelos internacionales en los aeropuertos de su país. Nueva Esparta (Isla de Margarita), Anzoátegui (Turismo de Canaima e Industria Petrolera), Maiquetía (Capital de la República), Barquisimeto (acceso a los venezolanos por el interior), Maracaibo (turismo internacional desde occidente y apuntalar industrias petroleras y petroquímicas).

Podemos recordar que desde el Zulia despegaban vuelos directos a Europa sin pasar por la capital. Comunicación es turismo y desarrollo económico. Por ello desde el Partido Centro Democrático proponemos esta estrategia:

●Crear conciencia sobre Venezuela como destino turístico en el mundo, ideando planes y proyectos que atraigan a turistas extranjeros y alentando a los nacionales para que recorran, conozcan y se deleiten con nuestro país.

●Promover planes a escala nacional de una forma inclusiva y a través de innovadoras experiencias turísticas como "Vacaciones de los abuelos", dirigidos a las personas de la tercera edad, "Mochilero", ideado para potenciar el turismo en los jóvenes y "De Venezuela somos" localizado en potenciar el turismo familiar. Igualmente, se potenciará el turismo escolar con el programa "La escuela viaja", integrado por "tours", con los cuales se pueden ampliar los conocimientos que forman parte de la educación impartida, al tiempo que permite conocer y reconocer zonas geográficas recónditas, lugares históricos, museos, parques, monumentos, playas, montañas, llanuras, etc. Todos los programas buscan potenciar la recreación como un componente básico para la salud mental, emocional y espiritual.

●Propiciar la formación en el sector turístico para mejorar la calidad en la prestación de servicios en todos sus niveles y las competencias de aquellos que laboran en el área, considerando que el turismo constituye una actividad estratégica para el desarrollo de la nación.

●Reforzar la infraestructura turística local, regional y nacional.

●Promover el ecoturismo, mostrando los entornos naturales de nuestras regiones y propiciando el acercamiento del hombre a la naturaleza.

●Dado que el turismo es una potencial actividad económica, incrementar la asignación presupuestaria en relación con el PIB para contribuir con el aumento de la productividad de las empresas vinculadas con el sector.

●Crear escuelas de turismo con una visión integradora del turismo como empresa y la gestión hotelera. Estudios sobre el patrimonio turístico, planificación y legislación turística—hotelera, servicios de transporte, recursos humanos, marketing, entre otros, serán tópicos a ser abordados de manera científico—académica.

En ecología y ambiente

En los últimos 25 años el tema ecológico en Venezuela ha sido manejado con políticas irresponsables que han atentado contra la conservación del medio ambiente y el hábitat de nuestros espacios naturales. Hemos visto cómo la explotación indiscriminada del subsuelo y de zonas neurálgicas de ecosistemas únicos, dieron paso a destrucciones irreparables de grandes extensiones de naturaleza.

Allí sigue la minería desenfrenada en Bolívar deforestando y acabando con ríos, bosques, selvas y hasta exploraciones en las cadenas de tepuyes, o las imparables fugas de gas y petróleo que manchan cada segundo el ya contaminado Lago de Maracaibo, producto del desmantelamiento técnico de Petróleos de Venezuela (PDVSA). El descontrol por la búsqueda destructora de recursos finitos nos deja con entornos perdidos que antes fueron espacios únicos para floras y faunas terrestres y acuáticas endémicas.

Se ha atentado contra el sostenimiento y la vida de extensiones de selvas y playas. Es hora de reconfigurar marcos legales más rigurosos e infranqueables, y también se debe de trabajar y diseñar políticas para proteger a poblaciones cercanas a las industrias petroleras, de minerales y petroquímicas, puesto que el desarrollo de estos sectores siempre ha tenido grandes impactos medioambientales y de salud para las comunidades aledañas.

Pero también merece atención el marco regulatorio de ciudades como parte del ambiente que contemple normas y leyes que definan claramente líneas de control sobre factores contaminantes del aire al estilo de los protocolos europeos contra la contaminación interurbana por el parque automotor y las emisiones de CO2. Tratar igualmente aspectos del ambiente como la contaminación lumínica y la acústica o el tratamiento de aguas, todos ejes fundamentales para la convivencia sana. La promoción, el mantenimiento y el desarrollo de nuevos pulmones vegetales urbanos, la limpieza y la atención de costas e ir perfilando el paso a una movilización verde impulsada por lo eléctrico.

Proponemos la siguiente ruta para el debate:

•Considerar los preceptos asumidos en el Programa de las Naciones Unidas para el Medio Ambiente (PNUMA), a través de los cuales se promueve y educa en términos del uso racional y el desarrollo sostenible del medio ambiente.

•Fortalecer las instituciones dedicadas al control y manejo de los ecosistemas y recursos naturales de nuestro Estado. Según la filosofía del PNUMA "el bienestar humano depende de la salud de los ecosistemas que envuelven y nos sostienen". Dependemos de los ecosistemas para la comida, el agua y la madera que necesitamos para la vida cotidiana. Defendernos de los procesos del ecosistema para regular los ciclos naturales y mantener a raya las enfermedades. Confiamos en ellos para la recreación, los propósitos educativos y de enriquecimiento mental y físico.

•Potenciar el rol de los ciudadanos en la planificación urbana de las regiones. En este sentido, la consulta vecinal, en torno a la construcción y disposición de edificaciones en el entorno donde habitan, se hace imprescindible para conocer y considerar la realidad del impacto que ello genera dentro de su hábitat.

En gerencia de la administración pública

Nuevos paradigmas se crearán con este componente. Para insertar a Venezuela en el mundo moderno debemos acabar con los esquemas impuestos por la mediocridad y la desactualización que hoy en día solo han traído retrasos en la dinámica social del país con corrupción extendida y la limitación del crecimiento de ciudades y regiones.

En el PCD concebimos una gerencia moderna y de avanzada, que esté al servicio del ciudadano, donde las necesidades y requerimientos de personas naturales o jurídicas puedan gestionarse desde plataformas digitales, es importante reconocer que ya entramos en la era digital hace rato y que esta evoluciona a ritmos acelerados. Esos mismos avances deben ser implementados para facilitar trámites y definir la presencia física sólo como algo opcional en función de descongestionar administraciones y optimizar resultados.

En una gerencia moderna van de la mano la ética y la eficiencia, obligando a actuar con la mayor transparencia.

Acabar con las contrataciones a dedo como rémoras de

un pasado plagado de corrupción, y dar paso a gerencias claras, sin opacidades, que abran las cuentas al público de forma fácil y expedita, que sean visibles y verificables en las plataformas de cada institución que maneje recursos públicos, y hablamos de todos los entes del Estado subordinado al ciudadano.

Y esta misma relación nos llevará a formar a los ciudadanos como los mejores contralores sociales.

Ningún vicio cultivado durante la nefasta V República sobrevivirá a este modelo.

Destacamos algunas líneas de acción:

●Promover la meritocracia como instrumento de política de empleo y crecimiento en talento de la administración pública, y también impulsar la tecnopolítica.

●Establecer sistema de licitaciones públicas transparentes donde la sociedad civil organizada participe activamente

●Impulsar la automatización y digitalización de procesos administrativos para ciudadanos que permitan gestiones rápidas y efectivas.

●Brindar estabilidad laboral y económica a los funcionarios con sueldos dignos según su formación.

●Motivar la excelencia del sector público a tal punto que compita en precisión, rapidez y resultados con el sector privado.

●Promover la formación de gerentes públicos de carrera.

En la VI República debemos crear flujos donde políticos y administradores deleguen en los mejores la gestión para que el talento se integre en la administración pública.

En servicios públicos

Es inminente una municipalización de los servicios públicos. Estos deben estar bajo administración de las corporaciones edilicias y no deben ser centralizadas.

Para el PCD este tipo de servicios deben estar cargados de sentido social, deben comprender bienes accesibles a todos los ciudadanos sin distingo de estatus o posición económica.

Ya es necesario tener conciencia que los servicios públicos hacen que sus habitantes se enamoren de su ciudad. Para ello desde el PCD destacamos estos ejes de acción:

• Fortalecimiento de las instituciones locales para una gestión eficiente y efectiva de los servicios públicos.

• Inversión en infraestructura, tecnología y capacitación de recursos humanos para mejorar la calidad y eficiencia de los servicios públicos.

• El abordaje de los servicios públicos (agua, electricidad, aseo urbano, gas, vialidad, sistema cloacal, transporte, mercados, cementerios) parte de las siguientes líneas estratégicas: trabajar de la mano con las comunidades y diseñar un presupuesto local considerando las necesidades más urgentes de los diferentes municipios.

• Rediseñar un proyecto macro que permita la reestructuración del sistema de cementerios.

• Garantizar la eficiencia y el control de los procesos en la limpieza de los municipios. Mejorar los controles y el manejo de los desechos sólidos en su vinculación con el proceso de reciclaje, necesidades más urgentes de los diferentes municipios.

• Aplicar y reforzar la normativa y el marco legal por el cual se rige el área ambiental.

• Impulsar planes de inversión en la conservación del medio ambiente, en la rehabilitación de ecosistemas y la biodiversidad terrestre, marina y acuática.

• Fomentar el ecoturismo. La cultura verde dentro de una sociedad humanista.

• Fortalecer la investigación en el área ambiental y ecológica.

• Promover la construcción y el rescate de parques y plazas como articuladores y cohesionadores de la vida social. Los espacios verdes embellecen la ciudad, potencian la oxigenación y garantizan un equilibrio como ordenadores urbanos. Se trata de "hacer ciudad a través de una ciudadanía activa y responsable".

• Respetar los estándares internacionales sobre la superficie requerida de espacio verde por habitante. La Organización Mundial de la Salud estipula esto como un indicador de calidad de vida urbana, y sugiere como valor promedio la relación: 10 a 15 m2 de espacios verdes por habitante.

• Fomento de la participación ciudadana en la toma de decisiones y en la vigilancia y seguimiento de la prestación de los servicios públicos.

En planificación urbana

Este eje es tan importante que no puede estar solo en manos de los conductores de los Gobiernos nacionales, regionales o locales. Los ciudadanos deben involucrarse en las decisiones sobre planificación urbana como actores de primera línea.

Se debe legislar desde ordenanzas municipales hasta leyes nacionales que den marco sólido a la planificación de las ciudades, pero siempre tomando en cuenta la consulta a la sociedad civil, universidades, centros de investigación, comunidades de vecinos, asambleas parroquiales, por nombrar algunas instancias.

Los ciudadanos tienen el derecho y el deber de participar en las tomas de decisiones de lo que a su alrededor se va a construir o los espacios que se pretendan intervenir.

El ciudadano debe concebir que su ciudad es su casa, y por ende está obligado a cuidarla, conocer qué va a pasar a su alrededor. Para ello se debe instrumentar y articular políticas de Estado en función de dar esa apertura y protección a la participación ciudadana directa.

Desde el PCD enfocamos esta integración según estas líneas:

- Formular y ejecutar proyectos urbanísticos en todos los municipios para hacer de cada localidad un espacio coherente y organizado armónicamente, mejorando la calidad de vida de la comunidad.

●Propiciar un crecimiento urbano estéticamente acorde, evitando la irregular disposición de elementos urbanos y diseño arquitectónico.

●Organizar el centro urbano considerando la disposición de los espacios públicos, las redes de servicio, la vialidad y el sistema de transporte.

●Establecer un ordenamiento espacial de las actividades humanas en relación con la conservación y el medio ambiente. Ello conlleva a tener una ciudadanía consciente, cuidadosa de la naturaleza y respetuosa de los espacios públicos.

●Orientar la inversión pública y privada en la construcción y diseño de obras públicas considerando las expectativas de crecimiento establecidas en un macro plan de ordenamiento territorial.

●Crear ciudades verdes, a través de una política de arborización permanente. Una de las metas a seguir en toda Venezuela: Calculamos que en el país se debe comenzar la siembra de 30 millones de árboles para cumplir con los estándares internacionales.

●Brindarle al ciudadano asistencia para el manejo y consecución de cualquier documento de identificación, sin trabas burocráticas y a través del uso de tecnologías especializadas, disponibles para todos.

●Mejorar los índices de seguridad: diseño de un sistema de patrullaje policial permanente que permita cubrir todas las áreas geográficas, colocación de cámaras de seguridad en colegios y centros de salud, entre otras medidas.

●Asegurar un alumbrado público en todas las ciudades.

●Rescatar y crear espacios públicos dignos para todos.

Desarrollo de las
subregiones

*"Dios no olvida ninguna oración,
él protege a nuestro pueblo".*
Carlos Alaimo

En el PCD hablar de subregiones es vital, porque en nuestro proyecto de país está darle fuerza y vida al federalismo y eso conlleva a una descentralización política y financiera, razón por la cual se debe establecer en el país el fortalecimiento de las subregiones nacionales y binacionales.

En cada región del país hay sectores específicos donde estos temas tienen que ser estudiados, evaluados e implementar políticas sobre ellos.

No puede haber políticas nacionales sobre desarrollo sin abordar la potencialidad de cada municipio y cada estado-región.

Desde Caracas no pueden diseñar políticas para Santa Bárbara del Zulia, para Delta Amacuro, Güiria, o para Elorza. Cada región tiene una identidad y sobre esa base debemos trabajar.

En el estado Zulia, existen cinco regiones bien definidas,

cada una con su propia identidad. Sin embargo, hay una entidad binacional, que es estratégica tanto para Zulia como para la región del Atlántico colombiano, que comparten una idiosincrasia igualmente binacional. Incluso para el sector indígena, la Guajira colombo-venezolana es un territorio único sin fronteras. Esto es importante, ya que refleja la importancia de la colaboración y la cooperación entre las regiones y los países para el beneficio mutuo y el desarrollo sostenible de la zona.

De Cartagena a Maracaibo hay 590 km, una distancia similar a la que hay de Caracas a Barcelona (410 km). En el PCD soñamos con una carretera binacional que una esa región de Colombia que no ha sido atendida por Bogotá, y el Zulia, a la que tampoco se le presta la debida atención desde Caracas. Es un escenario igual que se repite en varias regiones, como las franjas binacionales entre Táchira (San Cristóbal) y Medellín con una distancia entre ambas ciudades de apenas 627 km.

Y en nuestro Mar Caribe tenemos a la preciosa Margarita, que debe ser relanzada como isla principal para convertirla en epicentro de turismo y desarrollo.

Dentro de esta política jamás abandonaremos la frontera de Bolívar y Apure con Brasil y Colombia. También será necesaria la defensa de la Guayana Esequiba.

En este capítulo especial se toma como modelo el estado Zulia, pero pretende ser una propuesta que pueda replicarse en el resto de los municipios de Venezuela.

Subregión Guajira

Históricamente esta zona ha sido maltratada y olvidada por parte de los organismos gubernamentales nacionales, regionales y municipales. Ha sido casi nula la promoción de las potencialidades de los tres municipios que la integran: Mara, Guajira y Almirante Padilla. Los pueblos indígenas, por una nefasta tradición, han debido sufrir un largo proceso para ser reconocidos y respetados en su cosmovisión, su cultura ancestral, su mirada mágica de la vida.

La efectiva consideración de sus derechos y libertades fundamentales ha sido, en la mayoría de los casos, vulnerada. Similar situación han vivido las etnias asentadas en la subregión Perijá.

En este sentido proponemos:

●Convertir a esta región en una zona económica especial, sin descartar transformarla a futuro en una zona franca, libre, con sus fronteras abiertas. Con ello pretendemos propiciar y volver a darle vida a la integración colombo-venezolana. El libre comercio y tránsito disminuye el contrabando al existir reglas del juego claras.

●Potenciar el establecimiento de entidades bancarias, así como estaciones de servicio automatizadas.

●En el aspecto turístico convertir al balneario de Caimare Chico en un hotel—escuela y relanzar la Laguna de Sinamaica como uno de los principales focos turísticos

●Desde el punto de vista agroalimentario, desarrollar programas para fomentar la producción de huevos y uvas; de ganado ovino y caprino y rubros como tomate, pimentón y melón.

●Minimizar el impacto ambiental de la explotación de carbón.

●Convertir en autopista la vía que conecta a la población de Carrasquero con Santa Cruz de Mara.

●Potenciar la producción artesanal.

●Generar estrategias para combatir la endémica falta de agua potable en la zona.

●Mayor seguridad en la frontera para evitar el libre tránsito de grupos irregulares.

Subregión Perijá

•Incrementar la producción de carne, leche y plátano, tal como se hacía en la década de los 60ta, cuando el Zulia alcanzaba a proporcionar el 70 por ciento de este tipo de alimentos consumidos tradicionalmente en la mesa de los venezolanos. Asimismo, permitir que estos productos puedan ser exportados.

•Devolver las fincas expropiadas durante las últimas dos décadas a sus dueños originales.

•Desarrollar programas turísticos dado que esta zona ofrece una combinación perfecta para nacer turismo de montaña en la Sierra de Perijá.

•Promover las actividades artesanales indígenas, la cerámica, la cestería y los objetos rituales.

•Reforzar la actividad pecuaria, base de la economía de los municipios que la integran: Machiques de Perijá y Rosario de Perijá, e invertir para mejorar la calidad de los rebaños.

Subregión Sur del Lago

Comprende el territorio de los municipios Jesús María Semprún, Catatumbo, municipio Colón, Francisco Javier Pulgar y Sucre del estado Zulia así como el municipio Alberto Aadriani, municipio Obispo Ramos de Lora y la población de Palmarito del municipio Tulio Febres Cordero del estado Mérida, en Venezuela.

•Desarrollar la industria agropecuaria: ganadería cárnica y láctea, y la producción de plátanos.

•Como en la subregión Perijá: devolver las fincas expropiadas durante las últimas dos décadas a sus dueños originales.

●Potenciar el turismo, especialmente alrededor del fenómeno celeste del Relámpago del Catatumbo y los pueblos palafíticos Ologá y Congo Mirador. Desarrollar planes que incluyan el ecoturismo y agroturismo.

Subregión Costa Oriental del Lago

Está integrada por los municipios Miranda, Santa Rita, Cabimas, Simón Bolívar, Lagunillas, Valmore Rodríguez y Baralt.

●Elaborar planes y estrategias que nos permitan volver a tener el mismo ritmo de producción en la industria petrolera.

●Fortalecer una economía paralela a la petrolera: pesca y agricultura. Cultivo de plátano, maíz, arroz y frutas.

●Buscar que las fincas expropiadas durante las últimas dos décadas vuelvan a manos de sus dueños originales.

Subregión Panamericana

Retomar y rescatar un territorio olvidado, una tierra de nadie, cuyos habitantes tienden a identificarse más con la zona andina. La intención es crear la Subregión Panamericana. Ello, contempla, como en el resto de las grandes áreas geográficas que integran el Estado, realzar la figura del "Secretario de Estado" para cada subregión, con autoridad y autonomía financiera.

¿Cómo lo haremos?
Lo haremos contigo, con todos ustedes. De la mano de Dios

El Partido Centro Democrático se resiste a vivir de ese pasado glorioso de nuestro país. Queremos escribir el futuro que nos merecemos. Tenemos todas las condiciones para construirlo.

Aspiramos a hacerlo entre todos, convocando a todos los sectores, a su talento humano, a sus fuerzas vivas, a los profesionales y técnicos, a las mujeres guerreras y batalladoras, a su juventud que se niega a forjar su vida lejos del legado de sus padres.

Concebimos un país que abrace sus recursos naturales y minerales con responsabilidad y visión de futuro, queremos que en su planificación urbana se promueva espacios verdes que le den armonía y paz en su andar diario.

Parques y plazas que humanicen nuestras ciudades para dignificar la vida de cada venezolano que quiera disfrutar de sus espacios con seguridad y serenidad. Venezuela merece algo mejor.

Podemos hacerlo entre todos, con la pasión que nos caracteriza. Por nuestra geopolítica debemos crear condiciones que nos permitan incorporar a las empresas más grandes nacionales e internacionales en nuestro ecosistema financiero, con políticas nacionales, regionales y municipales que hagan atractiva su presencia en nuestra nación.

Somos una puerta de entrada para América del Sur, somos una ventana amplia del Mar Caribe y eso aún no ha sido aprovechado.

Somos un país con potencial humano, natural y energético sobre el que, históricamente, el mundo ha puesto sus ojos. Y estimamos que ya es hora de diseñar nuestros destinos que estarán definidos por la democracia y las libertades, por una estabilidad económica proyectada en desarrollo que nos llevará a mejores estadios de transformación e innovación política, social, financiera, educativa.

Y ahora, producto de las crisis vividas durante más de dos décadas de destrucción tenemos más de 7 millones de venezolanos que están alrededor del mundo creciendo, forjando relaciones y llevando nuestra cultura a países remotos. Ellos también harán nación, los que retornen con el mundo recorrido y grandes experiencias, y los que decidan seguir fuera de nuestras fronteras, pero con sus ideas y trabajo desde cualquier lugar del planeta.

Carlos Alaimo

Calogero Alaimo Mancuso, mejor conocido como Carlos Alaimo, nace en el 1954 en Italia, y llega a los 5 años a Venezuela. Médico, empresario editor y dirigente social ítalo-venezolano. Ha dedicado gran parte de su vida al estudio, la planificación y el desarrollo de políticas basadas en el humanismo cristiano.

Su formación ideológica primaria se ubica en las filas de la juventud cristiana del partido Socialcristiano COPEI, de Venezuela, aunque destaca la amplia referencia del diplomático Arístides Calvani en su modelaje como líder de organizaciones sociales.

Es el creador de la Fundación Humanismo y Progreso y del Partido Centro Democrático de Venezuela el cual preside.

También es el fundador de la exitosa red de clínicas privadas La Sagrada Familia y La Milagrosa en el occidente de Venezuela y del sistema Salud Vital, un plan de cuidados médicos diarios pionero en el país y de calibre nacional. Un empresario global con inversiones en el caribe y desarrollando proyectos en diversas industrias como sector inmobiliario, comercial y hotelero. Es además el Presidente fundador de Alaimo Group, un holding dedicado al desarrollo de bienes raíces en Estados Unidos y es Presidente Editor del Diario Versión Final en Venezuela.

Segunda edición de Humanismo Cristiano
Terminada en enero de 2023.